ENTSPANNT ZUM REICHTUM

---

9 ENERGIEWERKZEUGE FÜR ERFOLGREICHES MANIFESTIEREN 2.0

SCHREIB DICH REICH
BUCH 2

RENEE ROSE

Übersetzt von
STEPHANIE WALTERS

ANMERKUNG DER ÜBERSETZERIN

Einige der in diesem Buch genannten Ressourcen, Informationen, Quellen, Links und Leseempfehlungen sind derzeit nur in englischer Sprache erhältlich. Soweit verfügbar, werden die deutschen Titel genannt und verlinkt.

Mein größter Dank gilt Lisa Daily, meine Sachbuch-Beraterin und größte Unterstützerin, sowie Simone Gers, nicht nur für ihr gründliches Lektorat, sondern vor allem für ihre schamanischen Fähigkeiten, die mir erlaubt haben, während der Entstehungszeit dieses Buchs Teile meines Ichs zu entdecken und zu heilen. Außerdem möchte ich mich bei Erin Chanel und Katherine McIntosh bedanken, meinen Energie-Coachinnen, sowie bei Dr. Carolyn Elliot / Lovewell, deren Arbeit mich auf magische Weise (oder magicksche – wie ich denke, dass sie es schreiben würde) genau in dem Augenblick fand, als ich sie brauchte, sowohl für mich selbst als auch, um mein Verständnis dessen zu vertiefen, durch welchen Geist ich dieses Buch anbieten wollte.

Und wie immer vielen Dank an Lee Savino, meine Co-Autorin für Romance-Bücher und – viel wichtiger noch – meine Komplizin in der Leitung von Money Magic, unserer Community für Überfluss-Mindset sowie den daran anschließenden Kurs.

VORWORT

Während ich *Schreib dich reich* geschrieben habe, mein erstes Buch über Manifestation, wusste ich bereits, dass es ein zweites Buch mit dem Titel *Entspannt zum Reichtum* geben würde. Obwohl ich damals sogar die nötigen Werkzeuge kanalisierte, war mir bewusst, dass ich noch nicht bereit war, das Buch zu schreiben. Ich besaß noch nicht die Lebenserfahrung, die dazu notwendig war. Also habe ich die Liste mit Werkzeugen zur Seite gelegt und abgewartet, bis ich den innerlichen Anstoß spürte. Zwei Jahre später, als ich gerade unter der Dusche stand (wo ich meine besten, kreativsten Einfälle habe und Ideen von meinem Höheren Ich herunterlade), hörte ich schließlich, dass es an der Zeit war, anzufangen. Nicht, weil ich bereits alle Werkzeuge verkörperte oder wusste, worüber ich sprach, sondern weil ich mehr über diese Werkzeuge und darüber, wie man sie benutzt, lernen musste.

Das ist das Schöne am Unterrichten und Coachen. Jede*r Coachee, mit dem oder der ich zusammenarbeite, ist ein Geschenk für mich. In jeder Sitzung findet sich etwas, das auch mein Wachstum fördert. So wie jedes Mal, wenn ich einen verletzten oder verbannten Teil meines Ichs heile, wird diese Heilung für jeden anderen Menschen auf dem Planeten zugänglich.

Während ich dieses Buch schrieb, tauchten überall Synchronitäten auf. Die Informationen für die einzelnen Kapitel präsentierten sich während des Schreibens wie auf magische Weise durch Freunde, Kurse, die ich belegte, oder Bücher, die ich las. Ich lernte, während ich schrieb – ein sehr verletzlicher Zustand für mich, aber notwendig, um zu wachsen. Meine eigene Transformation war eine wundervolle Entfaltung. Ich konnte lebenslange Zweifel und Gefühle der Wertlosigkeit ablegen und Schattenseiten integrieren, die ich zuvor zurückgewiesen hatte. Das Ergebnis war ein spürbarer Auftrieb, der meinen Geist erfasste – eine Widerstandsfähigkeit und Furchtlosigkeit. Ich spürte, dass die Dinge, um die ich in der Vergangenheit gebeten und die zu manifestieren sich wie eine riesige Anstrengung angefühlt hatte, nun regelrecht auf mich zugerast kamen.

Ich hoffe, dass du mich auf dieser Reise begleiten wirst. Lass mich an deiner Erfahrung teilhaben, damit wir die Energien aller zukünftiger Leser*innen und aller Menschen auf diesem Planeten, die bereit sind, mehr Geld, Magie und Wunder in ihr Leben zu lassen, vergrößern und festigen können.

HINWEIS:

Die Informationen in diesem Buch sind nicht dafür gedacht, psychische Krankheiten zu diagnostizieren oder eine professionelle Therapie durch einen approbierten Arzt/Ärztin oder Therapeut*in zu ersetzen.

Dieses Buch ist kein Versuch, Trauma- oder klinische Therapie zu praktizieren. Für Ratschläge und Fragen zu deiner persönlichen psychischen Gesundheit, insbesondere in Hinblick auf traumatische Erfahrungen (aber nicht darauf beschränkt), ist das Hinzuziehen eines approbierten, klinischen Anbieters für psychische Gesundheit dringend ratsam.

KAPITEL EINS

Mit fünfundzwanzig lernte ich das *Gesetz der Anziehung* kennen, und wandte es augenblicklich an, um mein erstes Haus zu kaufen, den perfekten Job an Land zu ziehen, eine Tanzgruppe zu gründen und später Millionärs-Autorin zu werden.

Leider lernte ich dabei nicht, wie ich mit dem Gesetz der Anziehung tiefer sitzende Probleme wie beispielsweise Angststörung beseitigen, die perfekte Ehe führen oder mich wertvoll fühlen konnte. Damals glaubte ich, bei Manifestation ginge es nur darum, seine Bestellung beim Universum einzureichen und auf die Lieferung zu warten.

Und das glaube ich immer noch.

Irgendwie.

Doch auf dem Weg zu meinem Millionenumsatz als Autorin und dazu, andere Autor*innen, Künstler*innen und Kreativschaffende zu coachen und ihnen beizubringen, wie sie ihre Träume manifestieren können, lernte ich, dass dieser Wunschzettel ans Universum aus verschiedenen Ebenen besteht, die entscheidend dazu beitragen, wie schnell oder einfach ein Wunsch in Erfüllung geht.

Das eigene Selbstbild spielt eine Rolle, ebenso wie eine energetische Bereitschaft, zu empfangen.

Ich habe gelernt, wie ich meine Energie mit Erfolg in Einklang bringe, um meine Manifestationen schneller zu verwirklichen. Ich habe mein Selbstbild so erweitert, dass es zu der Zukunft passt, die ich mir wünsche.

Zuerst war meine Manifestation einfach: Mit meinen Liebesromanen eine Million Dollar pro Jahr verdienen. Nachdem ich dieses Ziel erreicht hatte, ließ ich mich mehr auf den Prozess ein. Ich stellte Fragen wie:

- Wo fühle ich mich noch immer arm?
- Wo fühle ich mich noch immer machtlos?
- Welches Gefühl des Mangels wollte ich mit diesem Eine-Million-Dollar-Ziel heilen?

ICH STELLTE FEST, dass es nicht so sehr ein tatsächlicher Geldwert ist, den wir uns wünschen, sondern vielmehr ein emotionaler Zustand, eine Schwingung, mit der wir diese Summe gleichsetzen. Im letzten Jahr habe ich mich reicher gefühlt als in den Jahren mit meinen höchsten Umsätzen. Der Grund dafür ist, dass ich mich mehr auf die Frequenz meiner Wünsche gestützt habe als auf die Ziffer in meinem Bankkonto.

Ein Überfluss an Geld lässt das Gefühl der Machtlosigkeit möglicherweise verschwinden – es erleichtert Situationen wie ein kaputtes Auto, wenn man nicht die nötigen Ersparnisse hat, um es reparieren zu lassen. Vielleicht bedeutet Überfluss Freiheit für dich – die Möglichkeit, das zu tun, was du willst und wann du willst. Überfluss bedeutet möglicherweise Luxus – du kannst dich mit schönen Dingen umgeben, die deinem Körper guttun.

Oder das Bedürfnis nach Überfluss rührt – wie in meinem Fall – daher, meinen Wert beweisen zu wollen. Ich dachte, wenn ich jedes Jahr eine Million Dollar oder mehr durch meine Bücher verdiene, würde das beweisen, dass sie (gut) genug sind. Es würde meinen Wert und meinen Verdienst als Autorin beweisen. Würde beweisen, dass *ich* gut genug bin.

Oftmals geht es beim Manifestieren von Überfluss darum, um die Dinge zu bitten, die man sich selbst nicht zugesteht, wie zum Beispiel ein Gefühl der Macht und Selbstbestimmtheit im eigenen Leben.

Vermutlich spielen all diese Dinge in unterschiedlichem Ausmaß eine Rolle. Zu wissen, was Überfluss für dich persönlich bedeutet, ist grundlegend, um dein Leben auf die Überholspur zu lenken.

MANIFESTIEREN MUSS NICHT SCHWER SEIN.

Ich weiß, ich verstehe schon – du bist daran gewöhnt, dass alles schwer ist. Du bist bereit, die nötige Arbeit zu leisten, deine Ärmel hochzukrempeln und die Manifestation anzugehen wie jedes andere Problem in deinem Leben auch.

Und doch ... dieser Drang, „Probleme anzugehen", kann tatsächlich mehr von den Dingen entstehen lassen, die du *nicht* willst. Wir konzentrieren uns darauf, Probleme zu lösen, also glaubt das Universum, dass wir genau das wollen. Prompt schickt es uns noch mehr Probleme, die wir lösen müssen. Unsere Frequenz schwingt sich auf „Probleme, die wir lösen müssen" ein (meistens in uns selbst), also taucht genau das auf.

Wenn du jemals versucht hast, ein vermeintliches gesundheitliches Problem oder ein Problem mit deinem Gewicht zu lösen, jedoch bemerken musstest, dass es nicht verschwindet oder sogar schlimmer wird, dann ist genau das der Grund dafür. Dein wunderschöner, empfänglicher Körper erzeugt immer mehr dieses „Problems", auf das du dich konzentrierst. Glaub mir, ich könnte ein ganzes Buch nur über meine Erfahrung mit diesem Thema schreiben.

Lass dich davon jedoch nicht entmutigen oder beunruhigen! Ich bin nicht hier, um dir so lange zu sagen, was du alles falsch machst, bis du glaubst, du hättest ein weiteres Problem zu lösen.

Das Gegenteil ist der Fall.

Ich bin hier, um dir zu sagen, wie viel einfacher es ist.

Abgesehen davon, machst du nichts falsch. Es gibt kein *Falsch*. Wir alle beschreiten unseren Weg zu Freude, Freiheit, Überfluss und zum Nirwana in kleinen Schritten und ungeplanten Wiederholungen. Und doch kann es noch einfacher sein.

- Hast du jemals geglaubt, du würdest falsch manifestieren?
- Mühst du dich beim Manifestieren ab? Versuchst du angestrengt, deine Manifestation in die Existenz zu zwingen?
- Gibst du dir selbst die Schuld, wenn dein Wunsch nicht in Erfüllung geht?
- Bekommst du, worum du gebeten hast, aber nicht so, wie du wolltest?
- Glaubst du, dass du vorsichtig damit sein musst, was du dir wünschst?
- Glaubst du, du müsstest alle Schritte der Anleitung haargenau befolgen und unter

perfekten Umständen manifestieren, damit es überhaupt funktioniert? Dass du scheitern wirst, wenn du einen Schritt überspringst oder einen Fehler machst?

WENN DU AUF eine dieser Fragen mit *Ja* geantwortet hast, dann ist das hier das richtige Buch für dich. *Entspannt zum Reichtum* **ist das Gegenmittel zur Manifestation der Hustle Culture.**

Vielleicht hast du auch das Gefühl, du müsstest jeden Morgen als Allererstes über deine Zukunft meditieren, mittags um die Millionen klopfen, im Feierabendverkehr deine Affirmationen oder Mantras runterbeten und zwischen Abendessen und Abwasch noch schnell deine Villa manifestieren.

Das mag alles funktionieren, aber dieses angestrengte Abmühen ist nicht nötig, um zu manifestieren.

Wenn sich deine bisherigen Manifestationsversuche wie eine einzige Schinderei angefühlt haben, wenn deine Versuche, „die Zone" oder deinen „Vortex" zu finden zu nichts als Frustration und dem Gefühl, alles falsch zu machen geführt haben, dann kann ich dir helfen.

Irgendwo auf ihrer Reise verinnerlichen die meisten von uns den Glauben, dass Schinderei, Hustle Culture und immerwährende Rastlosigkeit die beste Methode sind, um Erfolg zu haben.

Hast du dir selbst Feuer unter dem Hintern gemacht oder dich gnadenlos angetrieben, um Dinge zu erreichen, die du dir zum Ziel gesetzt hast? Möglicherweise tust du das auch nicht, verurteilst dich deswegen aber, weil du glaubst, du müsstest es tun.

Vielleicht bist du wie ich und setzt Manifestation und die Unterstützung des Universums ein, um deine Träume zu erfüllen, versuchst jedoch weiterhin, deine Manifestation in gewissem Grade zu erzwingen, anstatt ihr einfach zu erlauben, aufzutauchen. Du hast das Gefühl, als müsstest du dich beim Manifestieren mehr anstrengen oder es „richtig machen", damit es funktioniert. Und wenn du dein Ziel nicht manifestierst, bist du überzeugt davon, irgendwas falsch gemacht zu haben. Du strengst dich noch mehr an, um es beim nächsten Mal richtigzumachen.

Meine Energie-Coachin, Katherine McIntosh, hat mich völlig umgehauen, als sie mir sagte: „Manchmal braucht mein Geschäft nichts weiter als ein bisschen Raum." Bis zu diesem Zeitpunkt war ich nie davon ausgegangen, dass *Raum* ein notwendiger Bestandteil des Schaffensprozesses ist. Zu begreifen, dass ich womöglich schon alles „getan" habe, um einen Traum Wirklichkeit werden zu lassen, und die Dinge jetzt nur noch vor sich hinköcheln lassen muss, hat alles verändert.

Dieses Konzept wurde zu Schritt 6: „Lass los" in meinem ersten Buch über Manifestation, *Schreib dich reich: 7 Schritte, um Überfluss zu manifestieren*. Dieser Schritt kann einer der schwersten sein, wenn du wie ich ehemalige*r Workaholic bist. Wenn du jemand bist, der oder die immer glaubt, du müsstest noch mehr tun, um deine Träume zu verwirklichen, dann geht es bei „Lass los" für dich vor allem darum, einfach zu sein. Dich in die Manifestation hineinzuentspannen. Zu vertrauen.

Manifestation braucht kein perfektes Rezept oder die korrekte Anzahl Affirmationen. Es geht darum, dem zu folgen, was für dich leuchtend und leicht ist. Um einen entspannten Prozess. Darum, die Reise zu genießen.

Entspannt zum Reichtum ist Manifestation 2.0. Wenn du

mit dir selbst in absolutem Einklang bist, dann brauchst du keine Visionboards basteln, immer positiv sein und Affirmationen aufsagen. Das Außen spiegelt das Innen wider. Du wirst augenblicklich manifestieren, einfach, indem du mehr und authentischer du selbst bist und mehr von dir selbst annimmst.

Allerdings geht es in *Entspannt zum Reichtum* nicht darum, in einer Hängematte zu liegen und Träume allein durch Hoffen und Beten zu verwirklichen. (Auch wenn ich nie behaupten würde, dass sowas *nicht* funktioniert. Alles funktioniert, wenn man dabei vollkommen mit sich und seinem Vorhaben im Einklang ist.)

Entspannt zum Reichtum gibt dir eine Reihe von Werkzeugen an die Hand, um deine Manifestationspraxis zu vertiefen. Dieses Prinzip geht über das strikte Befolgen von Anleitungen hinaus – dem Aufsagen von Affirmationen oder dem Anzünden von Kerzen während des Neumonds. Es geht nicht darum, mehr und härter zu arbeiten. Es geht darum, durch den VIP-Eingang in deine Transformation hineinzutreten.

Sich in diesen Zustand der Akzeptanz, der Leichtigkeit und des Empfangens hineinzuentspannen (dem Gegensatz von Widerstand), ermöglicht dir mehr Raum für deine Schöpfungen. Erlaube ihnen, ein Eigenleben zu entwickeln, anstatt ihre Existenz zu erzwingen.

Mithilfe der Werkzeuge aus diesem Buch wirst du lernen, wie du:

- Dein Unterbewusstsein durch das unerschlossene Potenzial von Traumzeit hackst
- Weniger tust und mehr empfängst

- Besseren Zugang zu deiner Macht und deiner Kraft bekommst
- Schneller und mit größerer Leichtigkeit manifestierst und erschaffst
- Vergangene Traumata beseitigst, die dich davon abhalten, deine Ziele zu erreichen
- Energie- und Geldblockaden beseitigst oder integrierst
- Deine limitierenden Glaubenssätze löst
- Entspannt zu dem Wesen wirst, das du wirklich bist
- Dich leichter und beschwingter fühlst und ein Gefühl von Möglichkeiten und Lebensfreude empfindest

MIT DEN ÜBUNGEN in diesem Buch wirst du anfangen, dich selbst mehr zu lieben und auf die Person zu vertrauen, die du wirklich bist – die Essenz deiner Wahrheit, deines Selbstwerts und deine persönliche Kraft. Du wirst dich auf das Wissen verlassen können, dass alles, was du dir wünschst, dir gehören und mit absoluter Leichtigkeit in dein Leben treten wird, wenn du danach fragst.

KAPITEL ZWEI

Als ich Anfang dreißig war, habe ich mich sehr angestrengt, eine gesunde Schwangerschaft zu manifestieren. Mein Gehirn war auf Angst konzentriert – Angst, ich könnte nicht schwanger werden. Angst, eine Fehlgeburt zu erleiden. Angst, dass ich niemals Kinder haben würde, obwohl ich überzeugt war, nur auf der Welt zu sein, um Mutter zu werden.

Ich verbrachte den Großteil meiner Tage mit dem geradezu zwanghaften Versuch, meinen Körper zu „reparieren", und fühlte mich gleichzeitig von ihm verraten. Auf der Suche nach Heilmitteln für Unfruchtbarkeit und hilfreichen Aberglauben wühlte ich mich durch das Internet. Ich nahm mein Nabelpiercing heraus, weil irgendjemand behauptet hatte, das Metall würde meinen Energiefluss unterbrechen. Ich stellte eine Schüssel mit ungekochtem Reis unter mein Bett – das Feng-Shui-Heilmittel gegen Unfruchtbarkeit. Ich band Essstäbchen mit einer roten Schleife zusammen und hängte sie in die entsprechende Zimmerecke.

Allerdings hatte ich schon damals von Manifestation

gehört und hatte mir Abraham-Hicks-Inhalte auf Kassette angehört (das ist lange her!). Es ist nicht einfach, den eigenen Gedankenstrom von der Sache fortzulenken, die man nicht will – fort davon, Probleme lösen zu wollen – und auf das hinzulenken, was man will, aber irgendwann hatte ich ein Mantra gefunden. Jedes Mal, wenn ich anfing, durchzudrehen, sagte ich: „Universum, danke im Voraus für dieses Baby, das bereits auf dem Weg zu mir ist." Das war etwas, was mein Verstand akzeptieren konnte, und es erlaubte mir, meine angstvollen Gedanken in etwas zu verändern, das mit meinen Wünschen im Einklang stand. Es half mir, mich in meine Zukunft hineinzuentspannen, anstatt verkrampft dafür zu kämpfen.

Letztlich wurde ich viermal schwanger und habe zwei Babys ausgetragen.

All meine Mühen, all meine Sorgen und all der Stress waren vollkommen unnötig gewesen. Und doch hatte ich nichts falsch gemacht. Ich glaube nicht, dass ich schneller schwanger geworden wäre, wenn ich „besser" manifestiert hätte. Ich glaube, es war ein Fall von göttlichem Timing. Zwei verschiedene Hellseherinnen, die ich verzweifelt aufgesucht hatte, um zu erfahren, ob ich in der Tat Kinder bekommen würde, sagten mir beide, dass das Baby auf den richtigen Zeitpunkt wartete, um zu mir zu kommen. Es hätte seine eigenen Pläne. Hätte vielleicht sein eigenes Human Design oder ein Horoskop, nach dem es in die Welt geboren worden wollte.

Wenn ich damals gewusst hätte, was ich heute weiß – dass ich definitiv zwei wunderschöne, gesunde Kinder bekommen würde – hätte ich während der langen Jahre, in denen ich versuchte, schwanger zu werden, mehr Spaß gehabt. Ich hätte entspannt auf den Überfluss vertraut, der immer schon mein war und mein sein würde.

Stattdessen habe ich mich abgemüht und angestrengt, voller Angst, ich hätte diese Sache mit der Manifestation missverstanden. Ich versuchte immer verkrampfter, mich, meinen Verstand, meine Energie und meinen Körper zu verbessern und zu reparieren, nur um es richtigzumachen.

Wenn du dich in deiner Manifestationsreise selbst an diesem Punkt befindest oder dich irgendwann an diesem Punkt befunden hast, dann ist dieses Buch für dich.

Zuallererst einmal – du machst nichts falsch. Es gibt kein *Falsch*.

Du könntest dich allerdings dazu entscheiden, mit größerer Leichtigkeit zu manifestieren. Du könntest dich in die Manifestation hineinentspannen und auf den Prozess vertrauen, wodurch du alles, was du dir wünschst, möglicherweise schneller verwirklichst. Ich sage *möglicherweise*, denn manchmal hat auch göttliches Timing seine Finger im Spiel, wie bei dem Beispiel meiner Schwangerschaft.

Oftmals „bemühen" wir uns krampfhaft, zu manifestieren. Wir wollen etwas so sehr, dass wir antreiben, antreiben, antreiben, um es zu erreichen. Wir spucken unsere Affirmationen zwischen zusammengebissenen Zähnen hindurch aus. Wir beseitigen Blockaden, nur um uns in der Falle wiederzufinden, permanent nach neuen Problemen Ausschau zu halten, die wir erst lösen müssen. Dinge, die wir erst beseitigen müssen.

Oder vielleicht bist du auch wie ich und hast fünfundzwanzig Jahre lang alles über Energiearbeit und Manifestation aufgesogen – weißt also auf intellektueller Ebene bestens Bescheid – und doch gibt es in deinem Unterbewusstsein und deinem Energiesystem noch immer fehlerhafte Ausrichtungen, von denen du nicht einmal weißt, dass sie da sind. Sie sorgen bei deinen Schöpfungen für Widerstand.

Du hast eine klare Intention für dich formuliert, du sagst die magischen Worte oder Mantras, die du für dich gewählt hast, aber du glaubst nicht so recht daran, dass sie auch funktionieren. Die Angst, dass es für dich nicht passieren wird, blockiert dich – wie bei mir, als ich versuchte, schwanger zu werden. Ich hatte ein Mantra – Gott sei Dank, denn das hat mir da durchgeholfen – aber ich habe es nur dazu benutzt, meine Panik abzuwimmeln. Meine Energie war nicht im Einklang, um mit Leichtigkeit zu manifestieren. Ich hatte keine Freude am Prozess. Ich habe nicht darauf vertraut, dass es wahr werden würde. Ich befand mich nicht in einem Zustand, in dem ich empfangen konnte. Meine „Bitte" ans Universum war von einer regelrechten Flut von Verzweiflung durchtränkt.

Ich sage es noch einmal: Dieses Buch ist nicht dazu da, dich auf deine Fehler hinzuweisen.

Es ist dazu da, dir den Glauben zu nehmen, es gäbe *Fehler*.

Es ist dazu da, dir zu helfen, dich in deine eigene Macht hineinzuentspannen, in dein eigenes Wissen, in dein tiefes Vertrauen darauf, dass alles, was du dir wünschst, mit absoluter Leichtigkeit in dein Leben treten kann.

Möglicherweise hast du deine vergangenen Schöpfungen als Misserfolge gewertet, weil:

Du glaubst, **Manifestation müsste auf eine bestimmte Art und Weise passieren.**

Oftmals glauben wir, unsere Manifestationen müssten auf eine bestimmte Art und Weise auftreten. Wir stellen uns vor, wie die Schöpfungen aussehen werden, und wenn es nicht genau so läuft, sind wir frustriert mit dem Ergebnis.

Manchmal treten Manifestationen als etwas auf, das wir ein „zweischneidiges Schwert" nennen.

Nehmen wir an, du hast eine neue Beziehung manifestiert, und diese Beziehung ist auch aufgetaucht, allerdings war sie nicht so perfekt, wie du es dir gewünscht hast. Stattdessen hat diese Beziehung dir eine Lektion erteilt, die du für deine nächste Beziehung brauchst. War das ein Misserfolg der Manifestation? Warst du nicht konkret genug? Hat das Universum versucht, dir eins auszuwischen? Oder war es exakt die Lernerfahrung, die du in diesem Moment brauchtest, um schließlich die Beziehung deiner Träume zu führen?

Es nicht innerhalb des Zeitraums geschehen ist, den du dir vorgestellt hast.

Viele Menschen raten dazu, eine Deadline zu setzen, wenn man etwas manifestieren will. Das sieht zum Beispiel so aus: Ich werde bis November einen neuen Job finden.

Ich glaube, das kann funktionieren, aber es gibt auch Momente, in denen das Universum mehr Zeit braucht, um die Quantenverschränkungen zu aktivieren. Dann hängen die Dinge nicht allein von deinem Timing ab. Es sind andere Faktoren oder Menschen involviert, von denen du möglicherweise nichts weißt.

Wenn du ein jährliches Visionboard erstellst, dann glaubst du vielleicht, dass alles darauf auch in diesem Jahr passieren wird. Und wenn es dann nicht auftaucht, fühlst du dich wie ein*e Versager*in. „Nichts auf meinem Visionboard ist im letzten Jahr in Erfüllung gegangen." Aber genau wie mit meiner Schwangerschaft könnte auch hier göttliches Timing seine Finger im Spiel haben.

. . .

DIR NICHT GEFÄLLT, **was du manifestiert hast, und du denkst, du hättest es falsch gemacht.**

Als ich mit meiner Tanzgruppe in neue Räumlichkeiten umziehen musste, habe ich über mögliche Lösungen gebrainstormt. Eine andere Truppe in der Stadt hatte ein Studio in einem wunderschönen Gebäude – es war nicht einfach nur ein Studio, sondern es gab auch ein kleines, angeschlossenes Theater. Auf diese Räume war ich immer schon neidisch gewesen. Also habe ich eine Bitte ans Universum losgeschickt. Vielleicht könnte ich das Studio mit ihnen teilen. Wer weiß? Weiter habe ich nicht darüber nachgedacht, denn ich befand mich damals noch in der Träumen-und-wünschen-Phase.

Aber scheinbar bin ich eine mächtige Manifestiererin. Innerhalb einer Woche rief die Direktorin des anderen Studios aus heiterem Himmel bei mir an und erklärte, sie hätte gehört, ich sei auf der Suche nach neuen Räumlichkeiten und ob ich mir vorstellen könnte, ihr Studio mitzubenutzen. Mein Traum war wahr geworden! Oder zumindest glaubte ich das.

Denn als wir uns zusammensetzten und über die Einzelheiten sprachen, wurde mir klar, dass es doch nicht passte. Ich erinnere mich nicht mehr an alle Details und warum ich dachte, es würde nicht funktionieren – vielleicht erlaubte mir der Terminplan nicht genug Stunden oder es war zu teuer – aber ich kam schließlich zu der Entscheidung, dass es nicht die Traumsituation war, für die ich es anfangs gehalten hatte.

Hatte das Universum Mist gebaut und mir eine fehlerhafte Manifestation geschickt? Wie war das möglich? Sollte das Universum nicht eigentlich wissen, was das Beste für mich ist? Oder vielleicht hatte ich auch Mist gebaut – ich hatte nicht richtig manifestiert. Ich war in meiner Bitte nicht konkret genug gewesen.

Sicher, ich hätte eine konkretere, klarere Bitte formulieren können. Aber hier geht es nicht um Richtig und Falsch. Wir rufen eine Manifestation ins Leben, erhalten eine erste Kostprobe und passen unsere Bitte dementsprechend an. Das ist der Prozess. Die Moral der Geschichte ist nicht, dass ich konkreter hätte sein müssen oder dass man sich vorsehen muss, was man sich wünscht. Die Moral ist, dass Manifestation einfach ist. Dass ich eine mächtige Schöpferin bin, die neue Möglichkeiten beinah augenblicklich emporrufen kann.

Je mehr du daran glaubst und darauf vertraust, umso einfacher wird es.

In diesem Buch werden wir neun Energiewerkzeuge erforschen, die dir dabei helfen, dich in deine Macht als Manifestierer*in hineinzuentspannen, damit du alles, was du dir wünschst, mit absoluter Leichtigkeit erschaffen kannst.

1. Finde die Frequenz
2. Erforsche das Gefühl der Wertlosigkeit
3. Angst ist Freiheit
4. Schlafe dich zum Erfolg
5. Lebe, um zu Lachen
6. Heiße Erfolge willkommen
7. Verschlinge Kannibalen
8. Schmerzen austreiben
9. Lass die Schuld los

Vorbereitungen

Zuerst möchte ich dir sagen, dass ich in diesem Buch zwar viele Übungen und Möglichkeiten für das sogenannte „Heimspiel" anbiete, aber keine davon zwingend notwendig ist – weshalb ich die Übungen auch nicht „Hausaufgabe" genannt habe. Wenn du dieses Buch einfach nur lesen und es dabei belassen willst, wirst du dennoch etwas daraus ziehen können. Lege das Buch nicht zur Seite, bis du „Zeit" hast. Zeit ist ohnehin eine Illusion. Es gibt keinen richtigen oder falschen Weg, die Werkzeuge in diesem Buch zu benutzen. Die Prämisse ist schlicht und einfach, zu entspannen, und wenn sich diese Werkzeuge für dich wie Arbeit anfühlen, dann befinden wir uns in der falschen Energie.

Trotzdem findest du hier einige Schritte zur Vorbereitung, die du unternehmen kannst, falls du das volle Programm durchziehen willst. Wenn du nach einer*m Mitstreiter*in oder Freund*in suchst, die oder der das Programm mit dir zusammen durchläuft, dann findest du am Ende des Buchs Informationen darüber, wie du deine eigene Lerngruppe gründen kannst. Außerdem lege ich dir ans Herz, der *Relax to Riches (Entspannt zum Reichtum)*-Facebookgruppe beizutreten, wo du eine hilfsbereite Community findest, mit der du deine Einsichten, deine Fortschritte und deine Fragen teilen kannst.

Eins der Schlüsselelemente in *Entspannt zum Reichtum* ist „Schlafe dich zum Erfolg". Bei diesem Werkzeug werden wir die fruchtbare Traumzeit einsetzen, um unser Unterbewusstsein für das zu programmieren, was wir manifestieren wollen. Um das zu erreichen, ist es ratsam, eine Bestandsaufnahme deiner Schlafgewohnheiten und des Schlafplatzes vorzunehmen, und diesen Ort anschließend bewusst und zielgerichtet in einen Ort der Erholung und Ruhe zu verwandeln. Es ist nicht nötig, viel Geld auszugeben, um diesen heiligen Rückzugsort zu erschaffen. Schon ein paar kleine Upgrades können eine mächtige Botschaft an dein Unterbewusstsein und das Universum senden. Es lässt sie wissen, dass du bereit bist, dich selbst, deine Intentionen und deine Übereinstimmung mit dem Überfluss anzuerkennen und deiner Verpflichtung dafür nachzukommen.

Wie gesagt, dieser Schritt ist nicht notwendig, um deine Manifestationsroutine zu vertiefen. Wenn er dich davon abhält, weiterzulesen, oder einen Grund für dich darstellt, zu prokrastinieren, anstatt die Schritte in diesem Buch durchzuarbeiten, dann überspringe ihn einfach! Du kannst das ganze Ritual auch problemlos durchführen, wenn du dieses Buch das nächste Mal in die Hand nimmst.

Dennoch sei gesagt, dass Rituale mit unserem Unterbewusstsein zusammenarbeiten. Sie vermitteln deinem Gehirn, dass das, was du tust, wichtig ist. Wenn du dir die Zeit nimmst, dich vorzubereiten, dann lenkst du damit deine Macht und deine Kraft auf die Überholspur. Du signalisierst deinem Gehirn, dass die Reise in dein Bewusstsein, die du nun antreten wirst, bedeutsam, relevant und wichtig ist.

1. Richte dein Traum-Spa ein

BEREITE dein ganz eigenes Traum-Spa vor. Du willst das Gefühl herstellen, verwöhnt zu werden, dich um dich selbst zu sorgen und dich dem Universum zu öffnen. Wenn du das tust, passt sich das Universum deinem Vibe an.

Vielleicht magst du über kleine, schrittweise Upgrades in deinem Schlafzimmer nachdenken. Tu so, als würdest du im Four Seasons übernachten. Hast du Bettwäsche, die dem Four Seasons würdig wäre? Was bedeutet ein luxuriöses Bett für dich?

Was bedeutet *Behaglichkeit* für dich? Der Hauptzweck unseres Unterbewusstseins ist es, uns am Leben zu halten. Das Gefühl von Behaglichkeit entspricht in diesem Falle dem Gefühl von Sicherheit, von einem Zuhause, von einem weichen Nest. Wenn du dich *behaglich* fühlst, dann fühlt sich dein Unterbewusstsein sicher. Es entspannt sich und öffnet sich für die Impulse, die du ihm schickst.

Hier sind ein paar Ideen, wie du deinen Schlafbereich mindestens behaglich und bestenfalls zu einem luxuriösen, heiligen Rückzugsort machen kannst:

- Statte dein Bett mit Kissen in unterschiedlichen Größen und Formen aus
- Kaufe dir neue Bettwäsche und / oder eine neue Decke. Ziehe natürliche Materialien wie Baumwolle, Leinen, Bambusfasern oder Hanf in Erwägung, da natürliche Materialien eine höhere Vibration haben. Ich selbst besitze eine superweiche, fluffige Tagesdecke – ein Weihnachtsgeschenk – die mein Bett in einen gemütlichen, traumhaften Zufluchtsort verwandelt.
- Stelle Kerzen in deinem Schlafzimmer auf (batteriebetrieben, für mehr Sicherheit, oder mache das Ausblasen der Kerzen vor dem Einschlafen zu einem Teil deines Rituals).

- Räume die Unordnung auf und verwandle dein
  Schlafzimmer in einen heiligen Zufluchtsort.
- Benutze ätherische Öle, die Schlaf und
  Entspannung fördern. Meine Lieblingsöle sind
  Lavendel, Weihrauch und Zitronenmelisse.
  Andere Öle für die Schlafenszeit sind Jasmin,
  Kamille, Sandelholz, Baldrian, Vetiver oder
  Zedernöl. Wähle einen Duft aus, den du als
  angenehm empfindest!
- Stelle eine Salz- oder Selenitlampe auf oder
  nutze eine andere, beruhigende Lichtquelle
  neben deinem Bett.
- Probiere aus, ob dir eine beschwerte
  Lavendelschlafmaske ein Spa-Gefühl vermittelt.

2. Schaffe dein Schlaf-Spa-Ritual

STELLE ein paar neue Regeln für deine Schlafhygiene auf. Regeln sind wichtiger für das Unterbewusstsein als Dinge, die du als „wäre ganz nett" kategorisierst. Genau wie mit dem Basteln eines Visionboards zu Beginn des Jahres setzt du mit deinem Schlafritual eine machtvolle Intention, die du während deiner Traumzeit nutzen kannst, um zu erschaffen. Das Ritual deiner Routine verankert sich in deinem Unterbewusstsein und programmiert es für deine gewünschten Ergebnisse.

Prüfe deine derzeitige Schlafroutine und verbessere sie, bis sie deinen Schlaf und deine Traumzeit in etwas Heiliges, Verjüngendes und Kräftigendes verwandelt. Welche

Routine würde dir das Gefühl geben, entspannt, verwöhnt und bereit für dein Spa zu sein?

Ich muss dir etwas gestehen – ich spreche hier zu mir selbst. Immer wieder bleibe ich auf, bis ich völlig erschöpft bin, und dann überspringe ich das Gesichtswaschen oder ziehe keinen Pyjama an, sondern versuche einfach, so schnell ich kann ins Bett zu kommen. Dann heißt es ganz schnell Zähne putzen, BH und Hose auszuziehen und in Schlüpfer und dem T-Shirt, das ich den ganzen Tag schon getragen habe, unter die Decke springen.

Das ist *nicht* der Vibe, um den es hier geht.

Stattdessen geht es darum, eine Schlafroutine zu entwickeln, die beginnt, bevor du (oder ich) erschöpft bist. Fange zwanzig oder dreißig Minuten früher an als sonst, damit du genug Zeit für deine Routine hast. Überleg dir Schritte, die für dich Sinn ergeben.

Hier sind ein paar Vorschläge, basierend auf Dingen, die ich liebe, um meine Traumzeit absolut unwiderstehlich zu machen. Wenn ich diese Schritte ausführe, ertappe ich mich dabei, wie ich mich regelrecht darauf freue, ins Bett zu gehen. Ich bin ganz aufgekratzt vor Vorfreude auf mein Spa-Erlebnis, bei dem ich das Reich des Mythischen in die physische Welt hole.

- Schalte den Fernseher aus, leg dein Handy zur Seite und stelle entspannende Musik an, während du langsam zur Ruhe kommst.
- Nimm ein Bad mit Epsom-Salz, um deine Muskeln zu entspannen, oder gib einen Esslöffel Natron ins Wasser, um deinen Körper zu entgiften. Rühre ein paar Tropfen deines ätherischen Lieblingsöls ins

Wasser, beispielsweise Lavendel oder Weihrauch. Wenn du lieber duschst, nimm das Epsom-Salz mit unter die Dusche und benutze es als Peeling. Sprühe dein Lieblingsöl in den Wasserdampf.

- Wasche dein Gesicht und creme es mit deiner besten Gesichtscreme ein. Nimm dir Zeit für all den Luxus, den du normalerweise überspringst, wie beispielsweise eine Gesichtsmaske oder ein hochwertiges Gesichtspeeling.
- Schlüpfe in einen gemütlichen Pyjama.
- Mache einige sanfte Dehnübungen, um deine Muskeln zu entspannen. Du könntest auf YouTube ein Yoga-Nidra-Video ansehen und die Übungen machen (Yoga Nidra fördert erholsamen Schlaf).
- Benutze eine LED-Lampe oder lege dich auf eine LED-Matte, um Schmerzen und Verspannungen zu lösen. Ich habe eine Heizdecke in meinem Bett, die ich zum Einschlafen benutze (du findest alle Links unter „Ressourcen" am Ende des Buchs).

3. Starte ein *Entspannt-zum-Reichtum*-Tagebuch

LEGE EIN TAGEBUCH und einen Stift neben dein Bett. Du wirst es für Freies Schreiben und Morgenseiten benutzen. Außerdem wirst du darin dokumentieren, wovon du träumen willst und welche Manifestationen du ins Leben rufst. Morgens kannst du es nutzen, um deine Träume aufzuschreiben.

4. Lade meine Meditation *Luzide Träume* herunter

LADE hier die Meditation *Luzide Träume* herunter und nutze sie zum Einschlafen. Lade sie auf dein Handy oder auf dein Musikgerät, damit du sie einfach findest, wenn du bereit zum Einschlafen bist.

WERKZEUG NR. 1

Finde die Frequenz

KAPITEL DREI

Du bist ein*e mächtige*r Manifestierer*in. Nichts würde mich glücklicher machen, als wenn du dir das jetzt eingestehst. Du manifestierst bereits permanent, aber vieles davon läuft unterbewusst ab.

Das Leben, das du im Augenblick lebst, ist deine derzeitige Manifestation. Wenn es Dinge in deinem Leben gibt, die dir nicht gefallen, dann ist die verrückte Wahrheit, dass ein Teil von dir mit diesen Dingen energetisch tatsächlich übereinstimmt. Das ist der Moment, an dem die Arbeit an Schattenintegration mit diesen Werkzeugen ins Spiel kommt. Aber dazu später mehr.

An dieser Stelle konzentrieren wir uns einfach auf die Frequenz dessen, was du tatsächlich willst.

Als ich anfing, mit luzidem Träumen als Methode für Manifestation zu experimentieren, erkannte ich, dass einige der Dinge, von denen ich *glaubte*, sie manifestieren zu wollen, in meiner Traumzeit nicht auftauchten. Ich schaffte es einfach nicht, von ihnen zu träumen. Ich erkannte, dass diese Dinge nicht das Richtige für mich waren. Ich hatte noch nicht die Essenz dessen, was ich manifestieren wollte, entdeckt – das unterschwellige Gefühl oder die Frequenz, die Sache zu besitzen, von der ich glaubte, dass ich sie wollte.

Zum Beispiel habe ich versucht, davon zu träumen, wie eins meiner TikTok-Videos viral ging, aber ich schaffte es einfach nicht. Das lag daran, dass es einfach nicht mein aufrichtiger Wunsch war, ein virales TikTok-Video zu haben. Mein aufrichtiger Wunsch ist es, Millionen von Leser*innen zu haben. Millionen Menschen mit meinen Büchern und meinem Überfluss-Coaching zu erreichen. Ein virales TikTok-Video war nur ein Mittel zum Zweck, von dem ich *glaubte*, es würde mir dabei helfen. Ich machte mir mehr Sorgen um das *Wie* als um die Essenz meines Wunsches.

Sobald mir das klar geworden war, wurde es zu meiner Intention, davon zu träumen, wie ich Millionen von Menschen erreichte. Bereits in der allerersten Nacht träumte ich davon, wie ich während der Grammy-Verleihung auf der Bühne stand – ein Zeichen dafür, dass ich bereit war, „gesehen" zu werden, und dass meine Energie mit dem Ziel, Millionen zu erreichen, im Einklang war.

In seinem Buch *Playing the Matrix* spricht Mike Dooley davon, sich nicht in den Sorgen über etwas zu verfangen, das er die „verfluchten *Wie's*" unserer Manifestation nennt. Es ist die Aufgabe des Universums, sich über das *Wie* Gedanken zu machen. Unsere Aufgabe ist es, nach dem Endergebnis zu fragen.

In meinem Beispiel ist das virale TikTok-Video also nicht das Endergebnis, das ich mir wünschte, es war die Methode, von dem mein Verstand überzeugt war, dass sie mir das Ergebnis liefern würde.

In diesem ersten Schritt – „Finde die Frequenz" – geht es darum, das Wesentliche dessen herauszufinden, was

du dir wünschst. **Erforsche die unterschwellige Frequenz und das Gefühl, das du dir wünschst.** Dein Unterbewusstsein und das Universum werden ihren Teil dazu beitragen und es dir auf die einfachste verfügbare Art und Weise liefern.

ERSCHAFFE DEINE ZUKUNFT: **Was bringt dich tatsächlich zum Strahlen?**

ICH HABE die Worte *Erschaffe deine Zukunft* mit Absicht gewählt. Ich habe nicht etwa „erträume deine Zukunft" oder „stelle dir deine Zukunft vor" gewählt, auch wenn Träume und Vorstellungen in diesem Schritt ebenfalls vorkommen.

Daran zu glauben, dass du wirklich und wahrhaftig die Person bist, die deine eigene Zukunft erschafft, ist unerlässlich. Ja, du aktivierst Quantenverschränkungen, und die energetische Unterstützung des Universums steht dir zur Verfügung, aber das liegt daran, weil du aktiv und bewusst das Leben erschaffst, das du dir wünschst.

Ich weise deshalb darauf hin, weil wir manchmal zu passiv im Manifestieren sein können. Wir schicken einen allgemeinen Wunsch ins Universum hinaus und warten dann gespannt ab, was wohl auf unserer Türschwelle landen wird. Wenn es nicht das ist, was wir uns gewünscht haben, sagen wir schulterzuckend: „Ich schätze, so sollte es eben sein."

Sinn und Zweck des freien Willens ist es jedoch, dass wir wählen können. Wir entscheiden, wie wir unser Leben gestalten. Wir sind nicht nur passive Passagiere, die auf Gedeih und Verderb diesen Ritt aussitzen müssen, den das Universum für uns bestimmt hat. Wir formulieren eine

Bitte, überprüfen das Ergebnis und verändern dann
womöglich mit einem neuen Wunsch gewisse Einzelheiten.
Das Leben und unsere Schöpfungen sind ein sich wieder-
holender Prozess.

Es gibt psychologisch belegte Vorteile dafür, an einen
freien Willen zu glauben. Ein Artikel aus *The Atlantic*
erklärt: „Zu glauben, der freie Wille wäre eine Illusion,
macht Menschen nachweislich weniger kreativ, anpassungs-
williger, weniger bereit, aus ihren Fehlern zu lernen, und
weniger dankbar ihren Mitmenschen gegenüber."[1]

Das Universum liefert, was immer wir erbeten.

Meine Co-Autorin Lee Savino stellt sich das Universum
gern als Sugardaddy vor – allzeit bereit, uns mit allem, was
wir uns nur wünschen, zu verwöhnen.

In jedem Augenblick senden wir bewusst oder unterbewusst unsere Bestellungen an das Universum. Die Frequenz,
auf die du eingestellt bist, wird sich dir offenbaren.

Ich weiß, das alles klingt viel zu esoterisch. Keine Sorge.
Sobald wir uns mit den Übungen befassen, wird es klarer
werden.

FINDE DIE FREQUENZ DESSEN, **was du begehrst –** *dein wahres*
Warum.

Dein Warum für die Dinge zu finden, die du manifestieren willst, ist wichtig. Oftmals werden Manifestationen
ausgebremst, weil das, worauf du ein Auge geworfen hast,

---

1. https://www.theatlantic.com/magazine/archive/2016/06/theres-no-such-
thing-as-free-will/480750/

nicht die wahre Essenz dessen ist, was dich zum Strahlen bringt.

Dich mit der Energie dieser Sache zu beschäftigen – oder damit, wie du glaubst, dass sie dich empfinden lässt – ist ausschlaggebend.

Beispielsweise glaubst du vielleicht, du möchtest mehr Geld oder willst reich sein. Aber da ist noch etwas anderes, das du erschaffen willst – eine Energie, die du mit reich sein assoziierst. Möglicherweise willst du die Erleichterung oder die Freiheit empfinden, zu wissen, dass du immer genug Geld hast, um deine Rechnungen zu bezahlen – sogar unerwartete Rechnungen. Vielleicht wünschst du dir auch die Möglichkeiten, die Freiheit und die Freude, zu reisen. Du könntest einem Freund, einer Freundin oder deiner Familie aushelfen wollen, wenn sie Geldprobleme haben.

Nachdem ich mir zum Ziel gesetzt hatte, als Autorin siebenstellig zu verdienen, wurde mir klar, dass es nicht wirklich Geld ist, was ich wollte. Ich erkannte, dass ich nicht etwa durch einen Lottogewinn zu der Million Dollar kommen wollte. Diese Vorstellung schmeckte irgendwie schal. Ich hätte den Gewinn natürlich nicht *abgelehnt*, hätte ich sechs Richtige gehabt, aber ich hätte es weiterhin auf den Eine-Million-Dollar-Scheck durch den Verkauf meiner Bücher abgesehen.

Wie du siehst, war mein *Warum* also nicht nur Geld. Für mich repräsentierte das Geld etwas anderes – die Bestätigung, dass meine Bücher gut genug waren. Den Beweis, dass ich erfolgreich war. Die Versicherung, dass ich eine „echte" Autorin war, auch wenn meine Bücher nicht auf traditionelle Weise verlegt wurden.

Mir all diese Dinge zu wünschen, bedeutet nicht, dass ich falschlag. Es waren mächtige Motivationen, um mich zu diesen siebenstelligen Schecks zu bringen. Aber zu wissen, dass ich eigentlich auf der Suche nach „Erfolg" war, half mir, genau diese Energie ins Leben zu rufen (und, natürlich, auch das damit einhergehende Geld).

Das ist die Magie dahinter, dein wahres *Warum* herauszufinden. Mein *Warum* war es, mich wertvoll fühlen zu wollen, zu glauben, dass meine Bücher genug waren und ich keine Hochstaplerin war. Natürlich kosten all diese Dinge keinen Cent. Ich könnte sie auf der Stelle besitzen.

Das heißt allerdings nicht, dass ich nur den richtigen Therapeuten manifestieren musste und nicht etwa die Million Dollar. Im Gegenteil, diese Entdeckungsreise hat mir die Energien gezeigt, die ich brauchte, um mich mit diesem Millionen-Einkommen in Einklang zu bringen. Zu glauben, dass ich wertvoll bin und meine Bücher gut genug sind, und die Erfolge, die ich bereits vermerkt hatte, anzuerkennen und zu feiern, anstatt sie zu schmälern, waren die notwendigen Schritte, um dieses Einkommen für mich zu verwirklichen (diese Schritte findest du in meinem ersten Sachbuch, *Schreib dich reich*).

Während ich langsam mit dem Gefühl, wertvoll zu sein, in Einklang kam, hielt ich noch immer an diesem Ziel der Million fest.

Es war nicht etwa so, dass ich mir sagte, *Okay, jetzt fühle ich mich genug. Ich muss pro Jahr keine Million mehr mit meinen Büchern verdienen.* Absolut nicht. Allerdings fing ich an, diesen äußerlichen Ausdruck von Erfolg weniger zu „brauchen". Und obwohl ich ihn nicht mehr brauche, habe ich mich an diese Vibration angepasst, also taucht er einfach immer wieder auf – nur mit mittlerweile viel größerer Leichtigkeit.

Das ist die Ironie der Manifestation – du *wirst* zu der Schwingung, zu der Frequenz, die das, was du dir wünschst, bereits besitzt. Du brauchst es nicht länger. Und in diesem

Moment kann es auftauchen. **Das verzweifelte Bedürfnis nach einer Sache kann zu einem Widerstand darin werden, es tatsächlich zu erhalten.**

Du musst es nicht perfekt machen. Glaube nicht, du müsstest Nonne oder Mönch werden und den ganzen Tag herumsitzen und meditieren, um zur Frequenz dessen zu „werden", was du dir wünschst. Dein Selbstbild zu verbessern, ist ein stetiger Prozess. Kurz nachdem ich mein verzweifeltes Bedürfnis geheilt hatte (nicht, dass wir jemals wirklich geheilt sind), erreichte ich mein Million-Ziel. In diesem Buch und dem darin beschriebenen Prozess geht es darum, diese Aspekte unseres Ichs zu lieben und zu integrieren, denn sie sind es, die uns wirklich mächtig machen.

Seit fünf Jahren verdiene ich als Autorin siebenstellig, und noch immer fällt es mir schwer, das zu glauben. Ich muss mir erlauben, es zu spüren und anzuerkennen. Zu sehen, dass ich es wert bin und meine Bücher genug sind. Außerdem bemerke ich, wie dieser Zustand zu einem neuen Plateau für mich wurde. Siebenstellige Einnahmen waren acht Jahre lang mein Ziel, bevor ich es erreicht habe, und mittlerweile ist mir klar, dass es an der Zeit ist, meinen Sollwert höher zu setzen. Nicht, weil ich mehr brauche, sondern weil der Schaffensprozess, das Manifestieren von etwas Neuem, ein freudvoller Ausdruck der Person ist, die ich bin – genauso wie ein Buch zu schreiben, ein Zimmer umzudekorieren oder ein fantastisches Essen zu kochen.

SCHWINGE DEN ZAUBERSTAB

MANCHMAL STECKEN wir so sehr in unserem Glauben über das, was möglich ist, fest, oder machen uns Sorgen darüber, wie wir unsere Zukunft verwirklichen können, dass wir unsere Vision limitieren. Eine der einfachsten Methoden, um diese mentale Blockade zu lösen, ist es, einen Zauberstab zu benutzen. Nein, keinen echten Zauberstab – es sei denn, das ist dein Ding.

Stell dir einfach vor, du hättest einen Zauberstab, und mit jeder Bewegung dieses Zauberstabs kannst du deine Realität in etwas vollkommen anderes verwandeln. Du kannst Mäuse in Diener verwandeln, einen Kürbis in eine Kutsche und Lumpen in ein wunderschönes Ballkleid.

Wenn ich in einem Dilemma feststecke und mir keine der offensichtlichen Lösungen gefällt, dann stelle ich mir selbst eine Frage. **„Wenn ich einen Zauberstab hätte, worum würde ich bitten?"**

Der Zauberstab erlaubt uns, die Grenzen zu überwinden, die unser Gehirn in unserer derzeitigen Realität festsetzt. Es ist so, als würdest du in einer Sackgasse feststecken, und deine einzige Möglichkeit ist es, die Wände hinaufzulaufen oder dich umzudrehen und zurückzugehen. Doch wenn du einen Zauberstab schwingen könntest, würdest du dich einfach aus dieser Sackgasse hinaus und an einen herrlichen Strand zaubern.

Ein Zauberstab benötigt keine Logik, um ein Problem zu lösen. Er denkt nicht darüber nach, was in der Vergangenheit passiert ist oder was realistische, aktuelle Optionen sind. **Und vor allem erlaubt dir ein Zauberstab, alle Zwischenschritte zu überspringen und direkt an deinem gewünschten Ziel zu landen.**

Sagen wir mal, du hast Probleme in deiner Ehe, aber deine finanzielle Situation macht es zu einer Herausforderung, zu gehen. Es fühlt sich wie eine ausweglose Situation an. Du hast das Gefühl, zwischen einer schrecklichen, aber finanziell stabilen Ehe und der Freiheit in prekären Verhältnissen wählen zu müssen. Keine dieser beiden Optionen ist gut oder das, was du wirklich willst.

Wenn du allerdings einen Zauberstab hättest, worum würdest du dann bitten?

Den Zauberstab zu schwingen, eröffnet uns Möglichkeiten. Du könntest darum bitte, dass deine Ehe glimpflich endet, dass du jede Menge Geld auf deinem Konto hast und dich sicher fühlst. Vielleicht findest du eine neue, liebevolle und unterstützende Beziehung, die dich erfüllt. Vielleicht stellst du dir vor, wie du und dein Ex glücklich geschieden getrennte Leben führen, mit allen Reichtümern und Ressourcen, die ihr braucht.

Vermutlich spürst du sofort, wie viel leichter das Zauberstabergebnis im Vergleich zu den ausweglosen Situationen ist. Die ersten beiden Optionen verströmen eine „Feststeck"-Energie. Sie fühlen sich schwer an. Im Kontrast dazu fühlt sich die Zauberstaboption für alle Beteiligten leichter und vielversprechender an. Mit deiner Bitte ans Universum eröffnen und aktivieren sich unendliche Möglichkeiten.

In diesem Moment besitzt du eine produktive Energie, die in keiner der beiden ausweglosen Optionen vorhanden war.

Möglicherweise glaubst du, dass dieses Ergebnis zum jetzigen Zeitpunkt vollkommen unmöglich ist, aber das ist das Magische an dieser Übung. Du musst überhaupt nicht darüber nachdenken, wie du an diesem Ziel ankommen könntest, denn – nicht vergessen – du hast ja einen Zauberstab!

ÜBUNG: **Freies Schreiben**

. . .

IM LAUFE dieses Buches werden wir Freies Schreiben als Methode einsetzen, auf dein inneres Wissen zuzugreifen. Wenn du bisher noch nicht mit Freiem Schreiben experimentiert hast, erkläre ich hier noch einmal die wichtigsten Grundpfeiler:

- Lass deinen Stift ohne Unterbrechung über das Papier gleiten und stelle den/die innere Kritiker*in aus, während du die Fragen beantwortest.
- Nicht nachdenken – einfach schreiben.
- Schreibe die erste Antwort auf, die dir in den Kopf kommt. Manchmal schreibst du vielleicht sogar, bevor du eine bewusste Antwort formuliert hast.
- Schreibe, bis nichts mehr aus dir herauskommt. Dann mache mit der nächsten Frage weiter.

DU ZAPFST dein Unterbewusstsein oder deine Intuition an, um Antworten zu finden. Versuche nicht, die „richtige" Antwort zu finden oder mit deiner Vernunft zu antworten – Schlussfolgerungen limitieren Möglichkeiten. Nutze stattdessen deine Wahrnehmung und deine Achtsamkeit, und erlaube ihnen, sich auf dem Papier und in deinem Bewusstsein auszubreiten.

Wenn du dich müde oder erschöpft fühlst, mache eine Pause und komme später zu der Übung zurück. Wenn du dir erlaubst, wirklich zu forschen und zu graben, kann das für dein Nervensystem eine Herausforderung sein. Du trägst das Anti-Bewusstsein – das Wissen, gegen das du dich in deinem Leben sträubst – in dein Bewusstsein. Es gibt

Dinge, über die wir den Kopf in den Sand stecken, und diese Übung wird sie an die Oberfläche holen. Du bewegst dich auf ein Leben zu, in dem du Klarheit wirklich verkörperst und lebst. Das wiederum setzt sich in Überfluss um, sobald du dich entscheidest, ihn zu empfangen. Reichtümer können für dich zu einem einfachen Standard werden, wenn du vollkommen mit dir im Einklang bist.

SCHNAPPE dir dein *Entspannt zum Reichtum*-Tagebuch und einen Stift. Stelle dir vor, du hättest einen Zauberstab und hast ihn bereits benutzt, um dir deine perfekte Zukunft zu erschaffen. Denke über jeden der folgenden Bereiche deines Lebens nach: Beziehungen, Finanzen, Job / Beruf, Sozialleben / Aktivitäten / Reisen, Zuhause, Körper. Schreibe frei darüber, wie diese Zauberstabzukunft für jeden dieser Bereiche aussehen könnte.

BEZIEHUNGEN

- Welche(r) Mensch(en) ist in deinem Leben und was macht ihr zusammen?
- Wie fühlst du dich in deiner Beziehung / deinen Beziehungen?
- Was würdest du an deiner jetzigen Beziehung / deinen jetzigen Beziehungen ändern?

FINANZEN

- Wie viel Geld hast du auf deinem Konto?

- Wie viel verdienst du pro Monat? Pro Jahr?
- Was machst du mit überflüssigem Geld?
- Wie verwöhnst du dich?
- Wie fühlt es sich an, reich zu sein? Wie sieht dein Alltag aus?

JOB / Beruf

- Womit verbringst du deinen Arbeitstag?
- Wie wird deine Arbeit von anderen / der Welt wahrgenommen?

SOZIALLEBEN / Aktivitäten / Reisen

- Was machst du zum Spaß?
- Welche neuen Erfahrungen bieten sich dir?
- Reist du? Wenn ja, wohin?
- Mit wem verbringst du deine Freizeit?
- Wie fühlt sich deine Freizeit an und wie gestaltest du sie?

ZUHAUSE

- Wie sieht dein Zuhause aus?
- Wo wohnst du?
- Was siehst du, wenn du aus deinem Fenster schaust?

- Welchen Luxus gönnst du dir?
- Fühlt sich dein Zuhause gemütlich an?
  Weitläufig? Wie *fühlt* es sich an, in deinem
  perfekten Zuhause zu sein?

KÖRPER

- Wie fühlst du dich in deinem Körper?
- Fühlst du dich stark, lebendig und gesund?
- Fühlt sich dein Gewicht ausgeglichen für
  dich an?
- Wie siehst du aus?
- Wie fühlst du dich, wenn du mit deinem
  herrlichen Körper einen Raum betrittst?

UNBEGRENZTE WÜNSCHE

ANDERS ALS BEIM FLASCHENGEIST, der dir nur drei Wünsche zugesteht, sind deine Bitten unbegrenzt. Dir stehen unendliche Möglichkeiten zur Verfügung, erinnerst du dich? So funktioniert Manifestieren – du hast Zugang zu jeder Energie und jeder Frequenz, die durch das Universum strudelt. Zu unendlichen Möglichkeiten. Nur deine Vorstellungskraft bestimmt das Limit.

Du musst dir nicht den Kopf über die drei perfekten Wünsche zerbrechen. Das Universum ist nicht so verschlagen wie der Flaschengeist. Du musst dich nicht „vorsehen, was du dir wünschst", für den Fall, dass es in

Erfüllung geht. Es gibt keine kosmische Waagschale, die von dir verlangt, jedes Mal etwas Schlechtes zu empfangen, sobald dir etwas Gutes widerfährt.

Vor Kurzem fing ich an, mein Haus umzugestalten. Ich stellte Möbel um und sortierte einige alte Dinge aus, um Platz für Neues zu schaffen. Dabei spürte ich plötzlich, dass ich ein schlechtes Gewissen bekam. Als ob ich undankbar wäre, weil ich mich noch einmal umentschied, nachdem ich die Hilfe meines Ex oder meiner Freund*innen in Anspruch genommen hatte. Ich ertappte mich sogar dabei, wie ich mich bei den Handwerkern entschuldigen wollte, sobald ich eine Änderung vornahm!

Genauso kann es mit dem Manifestieren sein. Du schickst eine Bitte ans Universum los und das Ergebnis ist nicht ganz genau das, was du erwartet hattest. Oder du fühlst dich mit dem Ergebnis nicht so, wie du erhofft hattest.

Du hast nichts falsch gemacht. Das hier ist kein Flaschengeist-Moment, bei dem du einen kostbaren Wunsch verschwendet hast. Das hier ist die Freude der Schöpfung. Wenn ein Bildhauer eine Skulptur erschafft, ist das ein schrittweiser Prozess. Er tritt nicht etwa einen Schritt zurück, schaut sich sein erstes, grobes Werk an und sagt dann: „Tja, das habe ich wohl versemmelt. Weg damit." Nein, er verfeinert, perfektioniert die Formen und Kurven immer weiter, bis sie genau die Darstellung repräsentieren, die er sich gewünscht hat.

Es gibt kein *Falsch*. Jede Bitte ist eine Wiederholung. Sie gibt dir Rückmeldung und Informationen, anhand derer du einen neuen Wunsch formulierst. Damit du dir immer wieder etwas Besseres, etwas Schöneres, etwas Erfüllenderes für dein Leben vorstellst.

Die Annahme, du hättest etwas falsch gemacht oder du

müsstest zurückhaltend mit deinen Wünschen umgehen, oder auch der Glaube, du wärst nicht gut im Manifestieren, lässt deine Möglichkeiten wie ein Kartenhaus in sich zusammenfallen.

Wenn man sich die Audiobücher von Abraham-Hicks anhört, wird dort immer wieder gesagt, man könne nichts falsch machen, allerdings auch niemals fertig werden. Erinnere dich an diesen Satz, wenn eine neue Wiederholung deiner Wünsche ansteht.

KONTRAST UND KLARHEIT

VOR EINEM JAHR begab ich mich auf die Reise, eine neue Beziehung zu finden. Nach meiner Scheidung hatte ich mich mehrere Jahre lang nur auf mich selbst konzentriert, aber ich entschied, dass es nun an der Zeit war, jemanden Neues kennenzulernen. Wie jede erfahrene Manifestiererin formulierte ich meine Bitte sehr konkret. Ich erstellte eine Liste der Qualitäten, die ich mir in einem Partner wünschte. Ich stellte mir vor, wie das Leben mit ihm zusammen wäre.

Es wird oft gesagt, dass wir neue Beziehungen eingehen, um zu wachsen, und das kann ich definitiv bestätigen. Auf Dates zu gehen, hat so viele Aspekte meines Selbstbilds an die Oberfläche geholt, die ich während meiner Millionärs-Autorin-Reise völlig aus den Augen verloren hatte. In meiner Karriere hatte ich das Gefühl überwunden, nicht genug zu sein, aber mir wurde bewusst, dass es noch immer eine treibende Kraft in meinen Beziehungen war.

Ich hatte ausschließlich tolle Dates, aber meine Nervosität ging dabei jedes Mal durch die Decke. Mein „braves Mädchen"-Syndrom, meine Jasagerinnen-Tendenzen und meine geradezu gruselige Fähigkeit, mich energetisch komplett auf die andere Person einzulassen und anzupassen, bedeuteten, dass ich vor lauter Angst die Hosen voll hatte, mein Gegenüber zu verletzen. Ich hasste es, „Nein, du bist nicht der Richtige", zu sagen, wenn sie doch alle so liebenswürdig, gut aussehend und freundlich waren.

Und dann fand ich „den Richtigen". Oder zumindest glaubte ich das. Er erfüllte jeden Punkt auf meiner Checkliste, und – ein riesiger Vorteil – tauchte auf wie einer der Helden aus meinen Romanen. Er war heiß, romantisch, dominant, spirituell, nett und fürsorglich – alles Qualitäten, nach denen ich suchte.

Doch die romantischen Helden in meinen Büchern sind auch besitzergreifend und eifersüchtig. Ich liebe es, Machtgefälle zu erfinden, bei denen die junge Collegeabsolventin mit einem milliardenschweren Chef zusammengebracht wird, oder eine finanziell verzweifelte Heldin mit einem mächtigen und gefährlichen Mafiaboss.

Keine Sorge – mein Partner stellte sich nicht als mächtiger, gefährlicher Mafiaboss heraus. Diese Energie allerdings, die ich beim Schreiben so liebend gern erforsche, war in meinem Unterbewusstsein derart präsent, dass ich automatisch in die Rolle der hilflosen Heldin verfiel. Ich gab mich unterwürfig und machte mich klein, während ich meinen Partner als älter, weiser, reicher, weltgewandter und irgendwie besser als mich selbst betrachtete.

Mir war damals längst klar, dass ich diese Figuren schrieb, um meine eigenen „nicht genug"-Wunden und das Gefühl, in Beziehungen verlassen oder abgelehnt zu werden, zu heilen. Deshalb liebe ich es so, in paranormalen Geschichten über Schicksalsgefährten zu schreiben, bei denen ein wilder Wolfswandler Anspruch auf seine Gefährtin fürs Leben erhebt. Ich schwärme für den eifersüchtigen und besitzergreifenden Mafiaboss, der diesen „Fass' sie an und du stirbst"-Vibe versprüht und eher die Welt in Flammen setzen würde, als seine Frau herzugeben.

Vielleicht hast du schon einmal den Satz aus der Hermetik gehört: „Wie innen, so außen." Der Gedanke hierbei ist, dass wir das, worüber wir in unserem Innern nachdenken, im Außen sehen oder unsere Realität dementsprechend erschaffen. Auch wenn ich mich ganz und gar hingab, schien mein Partner nie genug zu bekommen. Er verschlang mich.

Heiß in einem Liebesroman, nur leider nicht im wahren Leben.

Weil ich mich in dieser Beziehung selbst nicht gut genug fühlte, manifestierte sich das nach außen. Mein Partner fand mich in einer Vielzahl von Aspekten ungenügend und war immerzu verärgert.

Schon sehr bald wurde mir klar, dass er mitnichten „der Richtige" war.

Dennoch kam ich nicht zu dem Schluss, ich müsse mich „vorsehen, was ich mir wünschte." Ich machte mir keine Sorgen darüber, falsch manifestiert zu haben, nicht konkret genug gewesen zu sein oder dass das Universum mir eins auswischen wollte.

Wie es bei Abraham-Hicks oft heißt: Kontrast ist notwendig für die Entfaltung. Ich hatte eine Beziehung manifestiert, die eine riesige Menge Daten über mich selbst ausgespuckt hatte, durch die ich mich nun mithilfe der Werkzeuge in diesem Buch durcharbeiten musste. All die Schattenseiten, mit denen ich mich bisher nicht versöhnt hatte, traten hervor, um erforscht und geprüft zu werden. Ich erkannte, dass es ein Spiel war, sich vor einem Mann klein und hilflos zu zeigen – eine Rolle. Eine Nummer. Etwas, für das ich mich auf gewisser Ebene entschied und das mir gefiel – einschließlich der Energien der Zurückweisung, der Einsamkeit und der Hilflosigkeit. Warum? Tja, es war ganz sicher keine bewusste Entscheidung. Aber mein Unterbewusstsein befand sich in einer mächtigen Übereinstimmung mit diesen Energien, sonst wären sie nicht aufgetaucht. Wie innen, so außen, du erinnerst dich?

Dr. Carolyn Elliot stellt in ihrem großartigen Buch *Existential Kink* die These auf, dass wir auf einer gewissen Ebene möglicherweise Gefallen an Konflikt und Zurückweisung haben. Vielleicht sind wir tief im Innern alle verdreht. Masochisten lieben es, das Gefühl zu bekommen, etwas falsch gemacht zu haben.

Die Wahrheit ist, dass wir alle mächtig sind. Wir alle haben Zugang zu jeglichen Energien auf dem Planeten und können im Handumdrehen verändern oder erschaffen.

Meine Manifestation einer sechsmonatigen Beziehung, die nicht funktioniert hat, war also kein Versagen. Sie hat für so viel Wachstum gesorgt – für einen massiven Aufschwung für mein Selbstbild und mein Leben. Und jetzt kann ich mit diesem Kontrast und der gewonnenen Klarheit meine nächste Beziehung manifestieren.

HEIMSPIEL

HINWEIS: Es hat einen Grund, dass ich diese Übungen *Heimspiel* und nicht *Hausaufgabe* nenne. Denk daran, dass nichts hiervor notwendig ist. Es ist einfach nur eine Gelegenheit für dich, dein Verständnis der Werkzeuge zu vertiefen und einzusetzen.

1. Nimm dir diese Woche jeden Abend Zeit für dein Schlaf-Spa-Ritual.
2. Leg dein *Entspannt zum Reichtum*-Tagebuch auf deinen Nachttisch und schreibe nach dem Aufwachen deine Träume auf. Wir werden in Werkzeug Nr. 4 näher darauf eingehen, aber ich möchte, dass es bereits jetzt zu einer Gewohnheit für dich wird. Wenn du dich nicht an deine Träume erinnerst, nutze die ersten fünf Minuten nach dem Aufwachen, um deine Intentionen für den Tag aufzuschreiben oder um deine Antworten auf die Zauberstab-Übung aus diesem Kapitel festzuhalten.
3. Damit du nicht zurückblättern und danach suchen musst, findest du hier noch einmal die Zauberstab-Übung:

STELL DIR VOR, du hättest deinen Zauberstab bereits mit dem Zauberspruch geschwungen, der dir deine perfekte Zukunft liefert. Denk über die folgenden Bereiche deines Lebens nach: Beziehungen, Finanzen, Job / Beruf, Sozialleben / Aktivitäten / Reisen, Zuhause, Körper. Schreibe frei darüber, wie diese Zauberstabzukunft in jedem dieser Bereiche aussehen würde.

BEZIEHUNGEN

- Welche(r) Mensch(en) ist in deinem Leben und was macht ihr zusammen?

- Wie fühlst du dich in deiner Beziehung / deinen Beziehungen?
- Was würdest du an deiner jetzigen Beziehung / deinen jetzigen Beziehungen ändern?

FINANZEN

- Wie viel Geld hast du auf deinem Konto?
- Wie viel verdienst du pro Monat? Pro Jahr?
- Was machst du mit überflüssigem Geld?
- Wie verwöhnst du dich?
- Wie fühlt es sich an, reich zu sein? Wie sieht dein Alltag aus?

JOB / Beruf

- Womit verbringst du deinen Arbeitstag?
- Wie wird deine Arbeit von anderen / der Welt wahrgenommen?

SOZIALLEBEN / Aktivitäten / Reisen

- Was machst du zum Spaß?
- Welche neuen Erfahrungen bieten sich dir?
- Reist du? Wenn ja, wohin?
- Mit wem verbringst du deine Freizeit?

- Wie fühlt sich deine Freizeit an und wie gestaltest du sie?

Zuhause

- Wie sieht dein Zuhause aus?
- Wo wohnst du?
- Was siehst du, wenn du aus deinem Fenster schaust?
- Welchen Luxus gönnst du dir?
- Fühlt sich dein Zuhause gemütlich an? Weitläufig? Wie *fühlt* es sich an, in deinem perfekten Zuhause zu sein?

Körper

- Wie fühlst du dich in deinem Körper?
- Fühlst du dich stark, lebendig und gesund?
- Fühlt sich dein Gewicht ausgeglichen für dich an?
- Wie siehst du aus?
- Wie fühlst du dich, wenn du mit deinem herrlichen Körper einen Raum betrittst?

WERKZEUG NR. 2

Erforsche das Gefühl der Wertlosigkeit

KAPITEL VIER

Eine der größten Blockaden von Manifestationen (und Freude) ist das Gefühl von Wertlosigkeit. Tief im Innern sind wir uns nicht sicher, ob wir das, um das wir gebeten haben, auch wirklich *verdienen*.

- Vielleicht bist du Künstler*in / Autor*in und bist dir nicht sicher, ob deine Arbeit gut genug ist. Du weißt nicht, ob du das nötige Talent besitzt, um mit deiner Kunst Millionen zu verdienen.
- Vielleicht bist du Geschäftsinhaber*in und denkst, du müsstest eine bestimmte Stundenzahl arbeiten, eine bestimmte Anzahl an Erfahrungsjahren aufweisen und eine bestimmte Summe pro Jahr mit deinem Geschäft verdienen, um als erfolgreich zu gelten.
- Oder vielleicht bist du Coach*in oder Influencer*in und glaubst, du bräuchtest mindestens fünfzigtausend Follower, um „angekommen" zu sein.

- Möglicherweise hast du auch das Gefühl, als ob
  das alles nicht zählen würde oder verdient wäre,
  wenn du nicht hart für deinen Erfolg gearbeitet
  hast – wenn du nicht geschuftet und dich
  abgemüht hast.

DENN WIE SCHRECKLICH WÄRE ES, wenn dir etwas einfach in den Schoß fallen würde, obwohl du es nicht einmal wirklich versucht hast, richtig?

Das meine ich überhaupt nicht sarkastisch, denn ganz ehrlich – die meisten von uns haben diese Blockade.

Ich denke oft, dass dieses Problem mit dem ersten hier vorgestellten Werkzeug einhergeht: Finde die Frequenz. Die Dinge stehen dabei auf dem Kopf – das Ergebnis, das du manifestieren willst, ist eigentlich die externe Anerkennung, die dir zeigen soll, dass du angekommen, genug und wertvoll bist.

Das ist das Paradox der Manifestation. Wir müssen uns zuerst wertvoll fühlen und glauben, all die Dinge verdient zu haben, um die wir bitten, aber stattdessen versuchen wir, diese Dinge zu manifestieren, um unseren Wert zu beweisen. Siehst du, warum das deinen Prozess verlangsamen kann?

In meinen Anfangsjahren als Autorin musste ich auf die *USA Today*-Bestsellerliste kommen und pro Jahr sechsstellige Summen mit meinen Büchern verdienen, um mir selbst und der Welt zu beweisen, dass ich genug war. Ich musste beweisen, dass meine Bücher gut genug waren, dass *ich* gut genug und eine echte Autorin war, und nicht etwa die Hochstaplerin, die ich zu sein fürchtete – vor allem, weil ich zunächst erotische Liebesromane schrieb.

Es funktionierte. Aus einem Gefühl des Mangels oder geringen Selbstwertgefühls heraus zu manifestieren, kann durchaus funktionieren. Es stattet unsere Bitte mit genug Antrieb und Energie aus, um sie mit viel Macht ins Universum hinauszuschicken und das Ergebnis zu manifestieren.

Doch das Gefühl der Wertlosigkeit hält uns davon ab, zu empfangen. Es kann den Prozess verlangsamen oder einschränken, wie viel wir annehmen können.

Selbstwert erlaubt uns, **unsere Möglichkeiten zu erkennen**

Kehren wir noch einmal zum Finden deiner Frequenz oder dem Erkennen der Energie, die du dir wünschst, zurück. Das erlaubt dir, bereits jetzt mit deinem Wunsch zu vibrieren, bevor du die Manifestation überhaupt in dein Leben rufst. Die Ironie des ersten Werkzeugs ist es, dass du diese Sache, die du zu wollen glaubtest, nicht länger *brauchst*, sobald du die Frequenz deiner Bitte verkörperst.

Das bedeutet nicht, dass du sie nicht trotzdem manifestieren solltest. **Jeder Schöpfungsakt, jede Manifestation ist wertvoll, *weil du wertvoll bist.***

Ich manifestiere noch immer Erfolge für meine Autorinnenkarriere. Mittlerweile bitte ich um Verfilmungsrechte für meine Bücher, darum auf der *New York Times*-Bestsellerliste zu landen und achtstellig zu verdienen. Je mehr ich daran glaube, all diese Dinge verdient zu haben, umso bereiter bin ich, die Energie zu verkörpern, die notwendig ist, um an diesen Punkt zu kommen.

Vor ein paar Jahren traf ich eine Frau, deren Schwiegersohn Schauspieler in Fernsehserien ist. Sie wusste, dass ich Autorin bin. Ich erwähnte, dass ich hoffte, eines Tages eins meiner Bücher an einen Filmproduzenten zu verkaufen. Sie bot an, einen meiner Romane an ihren Schwiegersohn weiterzureichen, und erklärte, er stünde mit Produzenten und Regisseuren im Austausch, um neue Projekte zu verwirklichen.

Ich lehnte dieses großzügige Angebot ab. Nicht, weil ich es nicht für legitim hielt oder dachte, es würde ohnehin nichts daraus werden, sondern weil ich nicht das Gefühl hatte, es verdient zu haben.

Das Universum bot mir ein Geschenk an und ich lehnte es ab. (An dieser Stelle käme der Soundeffekt der traurigen Posaune. *Wah-wah.*) Zu der Zeit sagte ich mir selbst und zu allen, die mich nach dem Stand der Verfilmung eines meiner Bücher fragten: „Ich weiß nicht, ob ich das passende Buch schon geschrieben habe." Mein Perfektionismus und mein Hochstaplersyndrom meldeten sich sofort zu Wort. Ich dachte, ich würde womöglich *eines Tages* dieses bedeutende Werk schreiben, das die Welt im Sturm erobern und zur offensichtlichen Wahl für eine Verfilmung werden würde.

Auch wenn es ein großer Wunsch von mir war, eins meiner Werke auf der Leinwand zu sehen, glaubte ich nicht daran, dass eins der über hundert Bücher, die ich bisher geschrieben habe, ein gutes Drehbuch abgeben würde. Das mag stimmen oder auch nicht, aber ich werde es nie herausfinden und vor allem werde ich nie wachsen, wenn ich mir nicht selbst gestatte, daran zu glauben, dass ich es verdient habe. Man schreibt kein großes Werk, ohne Buchstaben auf eine Seite zu bringen.

Um die Verfilmungsrechte an einem Buch zu verkaufen, muss man bereit sein, die Möglichkeiten zu verfolgen, die das Universum anbietet. Aber ich war noch nicht so weit. Ich befand mich noch in der Phase des Träumens, ohne allerdings den dazu passenden Selbstwert aufweisen zu können. Eine Autorin erzählte mir, sie hätte einfach eine E-Mail an den Regisseur eines heißen, ausländischen Liebesfilms geschickt, und ihm eins ihrer Bücher als zukünftige Option angeboten. Sie unterzeichneten einen Vertrag. Es war so einfach!

Leider spornte mich diese Geschichte nicht an, in Aktion zu treten. Ich wiederholte nur weiter den Glaubenssatz, ich hätte noch nicht das richtige Buch geschrieben.

Schnellvorlauf zu diesem Jahr, als eine Freundin mich in Kontakt mit derselben Frau brachte, die mir erneut anbot, meine Arbeit an ihren Schwiegersohn weiterzuleiten. Mittlerweile hatte ich an meinen Selbstwertblockaden gearbeitet. Ich war jetzt bereit, zu empfangen. Tatsächlich hatte ich bis zu diesem Augenblick völlig vergessen, dass sie es mir bereits einmal angeboten hatte. Es war nicht hängengeblieben, weil ich es so prompt als Unmöglichkeit abgetan hatte. Dieses Mal allerdings schickte ich ihr ein paar Bücher und einen Brief. Später teilte sie mir mit, dass ihr Schwiegersohn meine Bücher einem Regisseur weitergegeben hatte.

Es mag durchaus sein, dass ich noch immer nicht den richtigen Roman für eine Verfilmung geschrieben habe. Doch ich bin jetzt bereit, es zumindest zu versuchen. Ich bin bereit, diesen Prozess loszutreten. Kontakte zu knüpfen. Meine Bücher als Leseproben zu verschicken. Ich bin bereit,

Drehbuchautor*innen nach ihrem Rat zu fragen, mich für Drehbuchkurse anzumelden und meine Arbeit Regisseur*innen vorzuschlagen. Ich bin bereit, all diese Dinge zu tun, die ein möglicher Weg zur Manifestation meiner Träume sind.

Während ich also diese neue Einstellung übernahm, merkte ich, wie ich meine Arbeit in einem neuen Licht betrachtete. Nun denke ich darüber nach, wie eine Szene auf der Leinwand aussehen könnte. Dass sie mehr Dialoge und weniger Beschreibungen gebrauchen könnte. Dass Szenen mit einem Cliffhanger enden könnten, der meine Leser*innen immer weiter umblättern lässt und die Werbepause einläuten könnte.

Ich weiß, dass meine ersten Versuche keine perfekten Meisterwerke sein müssen. Tatsächlich habe ich erkannt, dass ich viele Geschichten in petto habe, die für die Leinwand geeignet sind. Es wird ein Lern- und Wachstumsprozess für mich werden. Ich schreibe mittlerweile Bücher, die besser für die Leinwand geeignet sind, weil ich wie eine Autorin denke, die daran glaubt, dass ihre Romane für die Leinwand adaptiert werden. Siehst du, wie meine Frequenz „Autorin mit Filmadaptionen" einen Einfluss darauf hat, wer ich bin, wie ich mich verhalte und was ich schreibe? Wie sowohl Selbstwert als auch das Gefühl der Wertlosigkeit zu einer sich selbst erfüllenden Prophezeiung werden?

WIE SEHR BREMST Mangel an Selbstwert deine Manifestationen aus?

OFTMALS VERMARKTEN wir unsere Projekte nicht mit Nachdruck, weil wir Angst haben, unsere Arbeit sei nicht gut genug oder wir hätten es nicht verdient, sie in die Welt hinauszuschicken. An dieser Stelle möchte ich auf das Dreiergespann aus Riesenhits von fraglichem Wert hinweisen. *Twilight, Fifty Shades of Grey* und *Sharknado.* Alle drei haben ihr Publikum begeistert und irren Überfluss angezogen, ohne für Kunstwerke von hoher Qualität gehalten zu werden. Und auch viele andere Bücher, Filme oder Serien wurden zu unglaublichen Erfolgen, obwohl sie von den Kritikern zerrissen wurden.

Hier geht es nicht darum, ob deine Arbeit oder diese gerade genannten Werke künstlerischen Verdienst haben oder nicht. Ich glaube, es gibt genug Platz für jede Art von Kreativität und das dazugehörige Publikum. Ich weiß, dass Liebe eine Superkraft ist, und wenn du deine Schöpfungen liebst, dann wird auch jemand anderes sie lieben. **Du hast es erschaffen, also ist es wertvoll.**

Das ist die Natur der Schöpfung – eine Person mag harsch kritisieren, was eine andere Person abgöttisch liebt. Deine Arbeit muss und wird nicht jedem gefallen. Das heißt nicht, dass sie wertlos ist.

Ich habe unzählige Autor*innen sagen hören, dass sie mit dem Schreiben angefangen haben, nachdem sie entweder *Twilight* oder die daraus resultierende Fanfiktion *Fifty Shades of Grey* gelesen hatten. Ihnen wurde bewusst, dass sie selbst ein Buch schreiben könnten, das mindestens genauso gut, wenn nicht sogar besser war. Sogar nachweislich unterdurchschnittliche Bemühungen (aufs Schreibhandwerk bezogen) können für jemand anderen eine Inspiration sein. Man kann schlichtweg nicht vorhersagen, wie sehr die eigene Arbeit einen anderen Menschen beeinflusst.

Als ich darüber nachdachte, meinen ersten Kurs zu kreieren, allerdings anzweifelte, ob ich es „richtigmachte“, fand ich eine Menge Gründe, warum ich es nicht wert sei. Es war mir unangenehm, mich selbst zu filmen, ich wusste nicht, wie man Videos schnitt, und ich hatte *Teachable*, die Plattform, auf die ich den Kurs hochladen wollte, noch nie zuvor benutzt. Und dann der größte aller Zweifel – für wen hielt ich mich denn, dass ich anderen etwas beibringen wollte? Meine Liste von Einschränkungen wurde länger und länger.

Was mir schließlich dabei half, daran zu glauben, dass ich es verdient hatte – oder zumindest fähig war – war es, mich daran zu erinnern, wie viele Kurse ich selbst gekauft und belegt hatte. Und zwar alle von Coaches, die Millionen mit Videos verdienten, die sie mit dem Handy in ihren Autos oder im Keller aufgenommen hatten. Oder sie hatten ganz offensichtlich alte Webinare ausgeschlachtet und zu diesen neuen Kursvideos zusammengeschnitten.

Ich musste keine perfekten Videos produzieren oder alles richtigmachen. Es ging lediglich darum, meine Arbeit hinaus in die Welt zu schicken. Ich hatte eine Botschaft, die ich mit anderen teilen wollte.

Wenn du dich selbst darin einschränkst, deine Arbeit in die Welt zu bringen, oder wenn du deine Werke voller Zweifel und dem Gefühl der Unzulänglichkeit veröffentlichst, dann kann diese Arbeit nicht die Flügel ausbreiten und fliegen.

Als ich Anfang zwanzig war, teilte meine Therapeutin eine Studie über Perfektionismus mit mir. Diese Studie, die das akademische Umfeld beleuchtete, hatte herausgefunden, dass Perfektionisten niemals vorankamen, weil sie die Veröffentlichung ihrer Arbeit verzögerten. Es waren ihre Kollegen mit weniger oder mittelmäßigerem Talent, die Professuren erhielten oder deren Studien veröffentlicht wurden, einfach deshalb, weil sie ihre Abhandlungen zur

Veröffentlichung einreichen oder sich auf Professuren bewarben.

Diese Auffassung, sich selbst den Druck zu nehmen, indem man zur „Mittelmäßigkeit" bereit ist, kann helfen. Man kann von den einen als mittelmäßig eingeschätzt und von anderen geliebt werden. *Sharknado* hat keine Oscars gewonnen, und doch rissen sich beim Drehstart des dritten Teils die Promis praktisch ein Bein aus, um im Film besetzt zu werden. Und das Franchise hat Millionen von Fans. Wer will behaupten, dass das nicht eine der Definitionen für großartige Kunst ist.

Als meine Co-Autorin Lee Savino irgendwann versuchte, ihre Bücher auf ein neues Level zu bringen, steckte sie in ihrem Schreiben fest. Ihre Versuche, besser in ihrem Handwerk zu werden, brachten ihre Kreativität tatsächlich zum Stillstand und führten zu einer Schreibblockade. Nachdem sie eins unserer älteren Bücher erneut gelesen und sich wieder daran erinnert hatte, wie gern sie es geschrieben hatte und wie sehr die Fans es liebten, entschied sie, das Schreiben von „mittelmäßigen" Büchern mit offenen Armen zu begrüßen – oder zumindest das Schreiben auf dem Level, das sie bereits gemeistert hatte. Die Wörter fingen wieder ganz natürlich an zu fließen, nachdem sie sich diesen Druck genommen hatte. Und ganz natürlich wurde sie besser, so wie wir alle. Sie erkannte, dass das nächste Level zu erreichen auch damit zu tun hat, sich Hilfe zu holen. Sie musste überhaupt nicht besser schreiben, sie konnte einfach eine Lektorin anheuern, die ihren Büchern den letzten Schliff gab.

Als ich meine Ausbildung zur Feldenkrais®-Praktikerin machte (eine Methode somatischer Körperarbeit, die den Körper durch die Aktivierung des Nervensystems in die richtige Ausrichtung bringt), hat es mich schrecklich nervös gemacht, an anderen Körpern zu üben. Wir Auszubildenden verbissen uns in die Vorstellung, alles richtigmachen zu müssen, hatten Angst davor, etwas falsch zu machen und unsere Übungspartner*innen zu verletzen oder zu beleidigen. Interessanterweise war die Arbeit an der Kopfregion besonders nervenaufreibend, sowohl für die Übenden, als auch für die „Patient*innen", deren Köpfe von einem anderen Menschen angehoben und bewegt wurden. Ich erinnere mich, wie zwei Mitschüler*innen nach ihren ersten Versuchen in Tränen ausbrachen. Unsere Köpfe sind unsere Kontrollzentren, also kann es eine intime Erfahrung sein, einem anderen Menschen die Kontrolle darüber anzuvertrauen.

Unsere Ausbilderin, Elizabeth Beringer, erinnerte uns immer wieder: „Es ist nur eure erste Annäherung." Dieser Satz wurde zu unserem Mantra, denn er nahm uns den Druck, perfekt sein zu müssen. Wir verstanden, dass wir im Laufe unserer Ausbildung noch viel Annäherungen durchführen würden. Es gab keinen Grund, jetzt schon alles perfekt zu machen.

Dieser Gedanke der ersten Annäherung half mir auch in meinem Entschluss, Autorin zu werden. Anfangs zögerte ich, Newsletter zu verschicken, und war mir nicht sicher, was ich meinem Publikum sagen sollte. Aber es ist besser, *irgendetwas* zu verschicken – egal was – anstatt meine Leser*innen so lang auf dem Trockenen sitzen zu lassen, bis sie vergessen haben, dass ich existiere. Besser mittelmäßig als abwesend. Sobald ich mir angewöhnt hatte, Newsletter zu verschicken, wurde ich natürlich auch besser darin, sie zu schreiben oder zu wissen, was ich sagen wollte. Ich schaffte Verbindungen mit meinen Leser*innen.

Wenn du in deinem Projekt oder deiner Schöpfung feststeckst, dann gestatte dir einfach, es schlecht zu machen.

Erschaffe einfach irgendwas, ohne dir Gedanken über die Qualität zu machen. Sobald du diese Schöpfung in Händen hältst, kannst du sie verfeinern und in einen Flow kommen. Aber nimm dir den Druck, etwas Wertvolles oder „qualitativ Hochwertiges" erschaffen zu müssen, denn nur dann hast du die absolute Freiheit, zu kreieren.

KAPITEL FÜNF

E ines Tages wird dein Schiff kommen

DRÄNGST du deine Träume und deine Manifestationen in das Reich des „Irgendwanns", anstatt sie ins Hier und Jetzt zu holen? Das kann daran liegen, dass du dich im Augenblick selbst nicht als würdig erachtest. Du glaubst, du müsstest deine Manifestationen erst verdienen oder sogar verwirklichen.

Schauen wir uns das genauer an:

ÜBUNG: Freies Schreiben über Selbstwert

SCHNAPP dir dein *Entspannt zum Reichtum*-Tagebuch und schreibe frei zu den folgenden Aufforderungen (Freies

Schreiben = schreibe die erste Antwort auf, die dir in den Kopf kommt, oder besser noch, denke überhaupt nicht nach, sondern lass deinen Stift wie von allein über das Papier gleiten):

1. Wonach strebe ich in meinem Leben, oder was versuche ich, zu erreichen?
2. Wenn ich *in diesem Moment* darum bitten würde, wie würdig fühle ich mich auf einer Skala von 1 bis 10, die Dinge zu erhalten, um die ich bitte?
3. In welcher Hinsicht glaube ich, dass ich es erst verdienen muss?
4. *Wie* glaube ich, dass ich es verdienen muss?
5. Wo suche ich nach Bestätigung von außen für meinen Selbstwert? (Z. B. Bestsellerlisten, Follower-Zahlen, Summen auf dem Konto, eine bestimmte Anzahl von Schülern, die meine Kurse belegen.)
6. Bin ich bereit zu glauben, dass ich auch jetzt schon würdig bin, bevor ich diese Erfolge erreicht habe?
7. Wann habe ich Geschenke vom Universum abgelehnt?

MÖGLICHERWEISE DECKST du mit dieser Übung unterschwellige Zweifel an deinem Selbstwert auf. Keine Sorge! Das sind tatsächlich gute Neuigkeiten. Je mehr du aufdeckst, umso mehr kannst du heilen und dich ändern.

Früher habe ich versucht, mein Energiefeld von der

Energie der Wertlosigkeit zu reinigen. Doch als diese Energie immer wieder zurückkam, frustrierte mich das zunehmend. Mir wurde klar, dass sie nichts ist, wogegen ich mich sträuben und was ich bereinigen muss. Auf diesem Planeten leben über acht Milliarden Menschen, und die Mehrheit von ihnen kennt dieses unterschwellige Gefühl der Wertlosigkeit. Wenn eine Energie auf einem Planeten derart verbreitet ist, dann kann sie nicht bereinigt werden. Wir können nur etwas daran ändern, wie wir ihr begegnen oder mit ihr umgehen. Es ist eine Energie, mit der man arbeiten und mit der man seinen Frieden machen muss. Anstatt mich abzumühen, sie aus meinem Energiefeld zu drängen, fand ich es effektiver, sie heranzuziehen und zu integrieren. Lies weiter, um die Werkzeuge an die Hand zu bekommen, mit denen auch du das tun kannst.

Wann immer ich mich wertlos oder unwürdig fühle – wenn sich das Gefühl buchstäblich in meinem Körper manifestiert –, kontere ich mit radikaler Akzeptanz. Indem ich akzeptiere und anerkenne, anstatt mich dagegen zu sträuben, zu verurteilen oder das Gefühl ignorieren zu wollen, hole ich diesen zerbrochenen Teil meines Ichs zurück in den Schoß meines Seins.

INTEGRIERE ALL DEINE ENERGIEN.

ICH BIN MIR SICHER, dass du bereits einmal den spirituellen Begriff „Einheit (Oneness)" gehört hast. Darum geht es in der Schattenintegration. Sobald du bereit bist, all deine Energie zu verkörpern – wenn du die Dinge integrierst, die zu sein du dich bewusst geweigert hast, die du aber womöglich insgeheim schon immer warst – dann hast du Zugang zu deinem vollkommensten, mächtigsten Ich. Du kannst das Leben erschaffen, das du dir erträumst.

Wenn du dich an diesem Ort der Einheit befindest, hast du Zugang zu allem, was ist, zu allen Energien auf dem Planeten. Du kannst sie einsetzen, um absolut alles zu erschaffen, das du dir wünschst.

Wenn du dich jedoch sträubst, bestimmte Energien zu verkörpern, dann sorgt das für Widerstand in deinem Energiefeld und du ziehst unterbewusst genau diese Dinge an.

Wärst du bereit, die oder der **am wenigsten Würdige** in deinem Feld zu sein? Die Energie eines totalen Stümpers zu verkörpern? Eines Amateurs? Wenn du diese Energie akzeptierst, kann sie dir nicht länger Schaden zufügen.

In meiner Erfahrung hat es die Situation vollkommen entladen, die Energien, denen ich mich so angestrengt verweigern wollte, *einzuladen* und den Fluss umzukehren. Wie Carl Jung bereits gesagt hat; „Wogegen man sich sträubt, beharrt nicht nur, sondern wächst sogar an."

Je mehr wir uns Dingen in uns widersetzen, umso weniger Kraft und Macht haben wir für unsere Schöpfungen. Wenn ich hingegen den Energiefluss umkehre und genau die Sache einlade, gegen die ich mich gesträubt habe, dann wird sie federleicht und bringt mich zum Lachen. Plötzlich erkenne ich, dass das, wogegen ich Widerstand leiste, nur ein Scheinriese war. Es kann mich nicht verletzen, wenn ich ihm die Tür öffne und es hereinlasse. Sobald es drinnen ist, integriert es sich mit mir und stärkt meine Identität.

Unsere eigenen Schatten zu integrieren, verschafft uns mehr „Quellenenergie", und ja, *du* bist die Quelle. Du, im Zusammenspiel mit dem All-Sein. Je mehr du dich Dingen widersetzt, umso weniger bereit bist du, bestimmte Energien zu verkörpern, und umso weniger Zugriff hast du auf deine Quellenenergie.

Wenn sich in Zukunft also das Gefühl der Wertlosigkeit in dir regt, dann erkenne seine Gegenwart ohne Verurteilung oder Widerstand an. Du fühlst dich wertlos? Okay. Wer spricht das Urteil dieser Wertlosigkeit über dich aus? Die Gesellschaft? Gott? Könnte es vielleicht nichts weiter als ein gesellschaftliches Konstrukt sein, um die Menschen bei der Stange zu halten? Um dafür zu sorgen, dass wir alle gleich funktionieren, damit unser biologisches Bedürfnis nach Sicherheit und Schutz in der Herde gestillt wird?

Könntest du die Gefühle der Wertlosigkeit und des Wert-Seins entladen und – spiel kurz mit – zugeben, dass man Wert tatsächlich nicht messen kann? Du bist wertvoll, weil du existierst. Könntest du in jedem Aspekt, bei dem du das Urteil der Wertlosigkeit über dich gesprochen hast, absolute Akzeptanz empfinden (anstatt Verurteilung oder Widerstand)? Dann kann sich das Gefühl integrieren und zu deiner Superkraft werden, sobald du bereit bist, diese Energie der Wertlosigkeit zu akzeptieren und zu ändern, wie du mit ihr interagierst.

Spiele mit den Polaritäten

Mit dieser Übung kann dir das Ausbalancieren von Widersprüchen deutlich leichter fallen. Wiederhole die

Gegensätze einfach so lange, bis sich keins der beiden (oder beide) wahr anfühlen und nicht länger negativ aufgeladen sind. In diesem Fall würdest du also wiederholen: „Ich bin wertvoll / ich bin nicht wertvoll, ich bin wertvoll / ich bin nicht wertvoll, ich bin wertvoll / ich bin nicht wertvoll ...", bis sich beide Aussagen wie Unsinn anhören. Das Ziel hierbei ist es, die Aufladung beider Aussagen – positiv oder negativ – aufzulösen. Wir wollen Zugang zu allen Energien haben. Überall da, wo du dich im Widerstand befindest, wird das dein Energiefeld zurückhalten.

In *Schreib dich reich* habe ich darüber geschrieben, wie ich die Widersprüche: „Ich bin ein Erfolg / ich bin eine Versagerin, ich bin ein Erfolg / ich bin eine Versagerin", immerzu wiederholte, bis ich die Aufladungen meines Bedürfnisses nach Erfolg und meiner Angst vor dem Scheitern aufgelöst hatte.

Wenn du dir Sorgen machst, ob du beim Manifestieren alles richtig machst, oder Angst hast, einen Fehler zu machen, weil du glaubst, du wärst der Manifestation nicht würdig, verlangsamst du den Prozess. Angestrengt zu versuchen, besonders gut zu sein oder Erfolg zu erzwingen, belastet deine Manifestation nur.

Lass die Vorstellung los, du müsstest würdig sein, und verfolge einfach deine Träume. Du wirst feststellen, dass du mit so viel mehr Leichtigkeit an deinem Ziel ankommen wirst, wenn du nicht diesen schweren Anker mitschleppst.

Umgedrehte Fähigkeiten

Oftmals sind unsere größten Talente und Fähigkeiten umgedreht. Marianne Williamson sagte dazu: „Unsere größte Angst ist nicht, unzulänglich zu sein. Unsere größte Angst ist es, über alle Maße hinaus mächtig zu sein." Das stimmt auch für die Quantenebene.

Wir setzen unsere Talente gegen uns selbst ein, anstatt ihnen zu gestatten, alles zu durchdringen. Mit der Zeit wurde mir klar, dass unsere Schattenseite möglicherweise tatsächlich unser wahres Genie ist, wenn wir ihr erlauben, sich zu integrieren.

Ich persönlich habe mich mein ganzes Leben lang klein gemacht – oder zumindest glaubte ich das. Ich war von Natur aus unterwürfig und habe immer von anderen erwartet, dass sie mich führen, mich lenken, mir helfen. Mein Fetisch, wie mindestens hundertfünfzig meiner Romane mit diesem versauten Thema beweisen, war es, einen heißen Mann zu haben, der die Gegenposition verkörpert – ein Mann, der mich auf liebevolle Art und Weise dominiert. Allerdings suchte ich mir auch meine Freundinnen auf diese Weise aus. Mehrere meiner Besties sind mindestens zehn Jahre älter als ich, also kann ich mich von ihren Erlebnissen und ihrer Lebenserfahrung leiten lassen.

Ich hielt mich immer für schwammig – nicht in der Lage, eine Entscheidung zu treffen. Ich bin eine Person, die immer alle Blickwinkel und Seiten einer Geschichte betrachtet, weil ich sensibel auf sämtliche Energien reagiere. Sogar für persönliche Entscheidungen hole ich mir Hilfe und Rat, wie beispielsweise bei der Frage, wie ich mein Haus dekorieren oder mich kleiden soll.

Auch wenn ich weit offen und bereit bin, vom Universum zu empfangen, herrscht da diese Passivität in mir, die mich davon abhält, all meine Macht einzusetzen. Und bevor ich mit der Selbstarbeit begonnen habe, habe ich oft das Opfer gespielt und versucht, andere für Ergebnisse verantwortlich zu machen, die mir nicht gefielen.

Im Laufe der Jahre haben jedoch mehrere intuitive Energetiker angemerkt, dass sie der Meinung wären, ich hätte etwas missverstanden und wäre dominant, nicht unterwürfig. Ich habe jedes Mal standhaft widersprochen. So wie ich es sah, war mein Fetisch eindeutig – ich wollte diejenige sein, die gefesselt wurde und der man sagte, was sie tun sollte.

Was mir allerdings klar wurde, war die Tatsache, dass ich nur *vorgab*, klein zu sein, keine Kontrolle zu haben und mich anderen zu unterwerfen. *Natürlich*, sagst du jetzt vielleicht. *Klar. Du bist schließlich die Einzige, die die Kontrolle über dein Leben hat, hallo?!*

Doch während meiner integrativen Schattenarbeit, wurde mir plötzlich klar, dass es weit darüber hinausging, Verantwortung für mein Leben zu übernehmen – es ging darum, diesen innerlichen Ort der Kontrolle zu finden, nicht einen äußerlichen Ort. *Plötzlich erkannte ich, dass ich immer schon diejenige mit der Kontrolle gewesen war, sogar wenn ich so getan hatte, als ob andere es gewesen wären.*

Ich war es, die entschied, um meinen Mann zu werben. *Ich* war diejenige, die entschied, dass wir zusammenbleiben sollten, nachdem ein Sommerjob zu Ende gegangen war. *Ich* war diejenige, die ihn zum Heiraten und Kinderkriegen gedrängt hatte – etwas, worüber er sich nicht ganz sicher gewesen war. Ich hatte mein ganzes Leben lang Regie geführt, und hatte mir selbst vorgemacht, ich würde Anweisungen anderer befolgen.

Wie sich herausstellte, besaß ich Macht, unendliche Macht. Das absolute Gegenteil meines unterwürfigen Selbstbilds, über das ich mich so lange definiert hatte.

Warum hatte ich entschieden, zu glauben, ich wäre nicht verantwortlich? Gute Frage. Ich glaube, es hat zum Teil damit zu tun, Verurteilung meiden zu wollen. Bei allem, was schiefläuft, ohne schuld sein zu wollen. Möglicherweise war es auch die Entscheidung, für ein vergangenes Leben büßen zu wollen, in dem ich allmächtig gewesen und meine Macht womöglich missbraucht hatte.

Der Punkt ist, dass alles nur Schein ist. Diese Vorstellungen der Machtlosigkeit, der Hilflosigkeit, des Gefühls, wertlos zu sein, sind nichts als ein Spiel, das zu spielen ich mich in diesem Leben entschieden hatte. Sobald ich die Scheuklappen abgenommen hatte und das große Ganze sehen konnte, wurde mir klar, dass das Leben so viel leichter und anders war, als ich geglaubt hatte.

WELCHE AUSWIRKUNGEN das auf dich hat

VOR KURZEM HABE ich eine Autorin gecoacht, die sagte, es würde ihr leichtfallen, auf jede andere Art Geld zu verdienen, nur nicht mit ihren Büchern. Als ich in dieses Statement hineinfühlte, wurde mir augenblicklich bewusst, dass dieses Muster damit zu tun hatte, einem anderen Menschen in ihrem Leben nicht das Rampenlicht klauen zu wollen. Dieser Mensch fühlte sich an wie eine Schwester. Und tatsächlich, während unseres Gesprächs verriet sie, dass sie sich immer wie das ausgeschlossene mittlere Kind gefühlt hat. Die beiden anderen Schwestern waren zusammen losgezogen und hatten gespielt, während sie allein in einer Ecke gesessen und gelesen hatte.

Interessanterweise handelten alle ihre Bücher von diesem ruhigen, unbeachteten Mädchen, das herausfindet, dass es Superkräfte besitzt. Natürlich war ihr längst klar, dass sie selbst dieses Mädchen ist. Dass ihre Geschichten nicht nur aus einem *Bedürfnis* heraus entstehen, eine geheime Superkraft zu entdecken und Anerkennung zu erfahren, sondern dass sie diese Superkraft *bereits besitzt*. Sie hielt sich selbst für die unscheinbarste Schwester, obwohl sie in Wirklichkeit die Mächtigste von allen war – und sie hatte ihre Macht bisher unterdrückt, um anderen nicht das Rampenlicht zu stehlen.

Ich fragte sie, ob sie bereit sei, ihre Superkraft einzusetzen, um gesehen und anerkannt zu werden. Ob sie bereit sei, ihre Schwestern mit dem Erfolg ihrer Bücher in den Schatten zu stellen. Sie zögerte – das würde zu einiger Aufruhr führen. Es würde den Glauben vieler Menschen darüber, wer sie war, auf den Kopf stellen und die Familiendynamik verändern. Doch sie entschied sich dafür. Denn ihre Bücher haben all ihre Macht und Kraft verdient, die sie besitzt.

Stell dir eine Münze vor. Die Kopfseite repräsentiert alles, was du zu sein glaubst. Die Zahlseite ist dein Schatten, alles, was du zurückweist, was du aber trotzdem bist. Wenn du zulässt, dass sich die flache Münze in eine ausgeformte, dreidimensionale Kugel verwandelt, dann verkörperst du all deine Energien und hast Zugriff auf das All-Sein, auf die Einheit. Das ist der Ort, von dem aus wir mit absoluter Macht und Leichtigkeit erschaffen können.

Was befindet sich auf deiner Schattenseite? Es ist okay, wenn du diese Frage nicht sofort beantworten kannst. Während du mit diesen Werkzeugen arbeitest, werden Dinge an die Oberfläche kommen, um integriert zu werden.

Übung: Freies Schreiben zum Offenlegen von Schattenseiten

· · ·

SCHNAPP dir dein *Entspannt zum Reichtum*-Tagebuch und schreibe frei zu den folgenden Aufforderungen.

1. Was weigere ich mich zu sein, obwohl es alles für mich verändern würde, es willkommen zu heißen?
2. Wie definiere ich mich selbst?
3. Wo könnte ein Gegensatz oder Widerspruch tatsächlich wahr sein?
4. Was sagen andere Menschen über mich, wogegen ich mich sträube?
5. Was in meinem Selbstbild weise ich aktiv zurück oder schäme mich dafür?
6. Wie kann ich radikale Akzeptanz für alle Teile meines Ichs empfinden?

FINDE WEITE und werde multidimensional

NUTZE DIESE VISUALISIERUNG, um deine gespaltenen Energien oder uneinigen Willen zu integrieren.

STELL dir eine Münze vor

Stell dir eine Münze vor, die deine zwei nicht-integrierten Seiten darstellt, dein Bewusstsein und dein Unterbewusstsein, Licht und Schatten.

Die Kopfseite ist das Licht, und die Zahlseite ist der Schatten. Kopf repräsentiert das Bewusstsein und deine absichtlichen Entscheidungen. Zahl repräsentiert deine

Schattenseite, deinen unterbewussten Widerstand. Deine Schattenseite ist nicht schlecht – sie schließt all deine unterdrückten Wünsche ein, wie etwa das Bedürfnis nach Sicherheit, klein zu bleiben, dich nicht zu strecken und zu wachsen. Denn das sind zwei Seiten einer Münze. Es ist unmöglich, eine Seite loszuwerden. Du bist beides. Deine Schattenseite kann nicht „gereinigt" werden.

Weite die Münze, damit sie zu einer Kugel wird.

Jetzt stell dir vor, wie sich diese flache Münze aufbläht wie ein Kugelfisch und sich in einen durchsichtigen Ball verwandelt, wie eine Schneekugel. Die Münze verwandelt sich von einem flachen, zweidimensionalen Gegenstand in eine dreidimensionale Kugel. Sie ist angefüllt mit den Energien aus deinen beiden Seiten. Male dir aus, wie sie sich mischen und kennenlernen. Die Energien fangen an, sich in einem Strudel zu verbinden. Licht vermischt sich mit Schatten. Und während du dieser Veränderung zusiehst, zeigen sich vielleicht bestimmte Farben und Muster. Ähnlich wie Öl und Essig vermischen sie sich vermutlich nicht komplett, sondern lernen stattdessen, miteinander zu agieren und eine fruchtbare Beziehung zu formen.

Je länger du dir dieses Bild bewusst vorstellst, umso schönere Farben und Muster kannst du erkennen, wie beispielsweise das Erblühen einer Blume oder Energiespiralen.

Wie bei einer Schneekugel, die geschüttelt wurde, wirbeln die Energien durch die gesamte Kugel. Auf diese Weise integriert sich die Schattenseite mit der bewussten Seite, und das erschafft Macht. Die Schattenseite hilft dabei, die Rakete des Gesamtapparats anzufeuern.

HEIMSPIEL

. . .

1. Fahre jeden Abend mit deinem Schlaf-Spa-Ritual fort.
2. Schreibe jeden Morgen deine Träume auf oder arbeite an den Übungen für Freies Schreiben, die ich in den Kapiteln vorschlage.
3. Übe die „Finde Weite und werde multidimensional"-Meditation mit mir. Du kannst sie hier kostenlos herunterladen.
4. Falls du es noch nicht beim Lesen dieses Kapitel getan hast, dann fülle jetzt die Übungen „Freies Schreiben über Selbstwert" und „Offenlegen von Schattenseiten" aus (du findest die Anweisungen dazu noch einmal weiter unten, damit du nicht zurückblättern musst).

ÜBUNG: **Freies Schreiben über Selbstwert**

SCHNAPP dir dein *Entspannt zum Reichtum*-Tagebuch und schreibe frei zu den folgenden Aufforderungen (Freies Schreiben = schreibe die erste Antwort auf, die dir in den Kopf kommt, oder besser noch, denke überhaupt nicht nach, sondern lass deinen Stift wie von allein über das Papier gleiten):

1. Wonach strebe ich in meinem Leben, oder was versuche ich, zu erreichen?

2. Wenn ich *in diesem Moment* darum bitten würde, wie würdig fühle ich mich auf einer Skala von 1 bis 10, die Dinge zu erhalten, um die ich bitte?
3. In welcher Hinsicht glaube ich, dass ich es erst verdienen muss?
4. *Wie* glaube ich, dass ich es verdienen muss?
5. Wo suche ich nach Bestätigung von außen für meinen Selbstwert? (Z. B. Bestsellerlisten, Follower-Zahlen, Summen auf dem Konto, eine bestimmte Anzahl von Schülern, die meine Kurse belegen.)
6. Bin ich bereit zu glauben, dass ich auch jetzt schon würdig bin, bevor ich diese Erfolge erreicht habe?
7. Wann habe ich Geschenke vom Universum abgelehnt?

ÜBUNG: **Freies Schreiben zum Offenlegen von Schattenseiten**

SCHNAPP dir dein *Entspannt zum Reichtum*-Tagebuch und schreibe frei zu den folgenden Aufforderungen.

1. Was weigere ich mich zu sein, obwohl es alles für mich verändern würde, es willkommen zu heißen?
2. Wie definiere ich mich selbst?
3. Wo könnte ein Gegensatz oder Widerspruch tatsächlich wahr sein?

4. Was sagen andere Menschen über mich,
   wogegen ich mich sträube?
5. Was in meinem Selbstbild weise ich aktiv zurück
   oder schäme mich dafür?
6. Wie kann ich radikale Akzeptanz für alle Teile
   meines Ichs empfinden?

WERKZEUG NR. 3

Angst ist Freiheit

KAPITEL SECHS

Nachdem ich mit Anfang zwanzig vom Gesetz der Anziehung erfahren hatte, erkannte ich, dass ich mich nicht auf das konzentrieren sollte, was ich nicht wollte. Ich wurde sehr gut darin, meinen Kopf in den Sand zu stecken, wenn es um die weniger als perfekten Dinge in meinem Leben ging.

Ich ignorierte standhaft alles, was mir die Stimmung vermieste.

Auch wenn das auf einer oberflächlichen Manifestationsebene Sinn ergibt – weil man bekommt, worauf man sich konzentriert – verschwanden die Dinge, die ich ignorierte, leider nicht. Sie verharrten als unbewältigte Ängste unter der Oberfläche. Dort brodelten sie vor sich hin, bremsten mein gesamtes Energiesystem aus und pfuschten in meinen Manifestationen herum.

Meine Ehe löste Gefühle in mir aus, die mich glauben ließen, ich sei „zu wenig" oder wertlos, aber ich hatte Angst davor, dem Problem auf den Grund zu gehen. Hatte Angst davor, herauszufinden, dass meine Ehe nicht länger funktionierte. Ich fürchtete mich davor, mit der Institution Ehe ebenso kläglich zu scheitern wie meine Eltern. Hatte Angst, dass ein Scheitern große Veränderungen in meinem Leben zur Folge haben würde. Hatte Angst vor den Auswirkungen, die eine Scheidung auf meine Kinder haben würde.

All diese Ängste behinderten mich.

WAS SEHE ICH, das ich nicht zu sehen vorgebe?

AUCH WENN ICH manche Dinge vor meinem Bewusstsein verheimlichen konnte, vor meinem Körper konnte ich sie nicht verstecken. Ich erkrankte an rheumatoider Arthritis – eine Autoimmunkrankheit, deren Schübe Gelenkschmerzen und Bindehautentzündungen zur Folge haben. Interessanterweise tauchte die Krankheit zum ersten Mal auf, kurz nachdem mein Ex-Mann angefangen hatte, mich zu betrügen, aber noch bevor ich es herausfand. Das wirft natürlich die Frage auf, wieso mein Körper etwas mitbekam, was mein Verstand sich zu akzeptieren weigerte?

Ich glaube, wir sind uns energetisch oder psychologisch so viel mehr Dingen bewusst, als wir zugeben. Es sich zur Angewohnheit zu machen, regelmäßig Tagebuch zu schreiben, zu kanalisieren, Muskeltests zu machen oder mithilfe anderer Methoden mit unserer Intuition in Kontakt zu treten, ist ausschlaggebend für ein wirkliches Verständnis der Energien, die an einem Entscheidungsprozess oder einer Situation beteiligt sind.

Weil mein Fall der rheumatoiden Arthritis mit Bindehautentzündungen einherging, gab mir meine Energiecoachin Katherine McIntosh folgende Frage auf: *Was sehe ich, das ich nicht zu sehen vorgebe?*

Indem ich mir selbst diese Frage stellte, hörte ich (die

Worte tauchten intuitiv in meinen Gedanken auf), dass mein Dad sterben würde. Das hörte ich einen Monat, bevor er herausfand, dass sein Krebs zurückgekehrt war. Dieses Wissen zu haben, erdete mich und bereitete mich auf diese Erfahrung vor, sodass ich bereits getrauert hatte, als er mir die Neuigkeiten mitteilte. Ich konnte der kommenden Zeit ohne Angst entgegensehen.

Obwohl ich nur noch selten Rheumaschübe habe, nutze ich diese Aufforderung noch immer, wenn ich Tagebuch führe und herausfinden will, in welchen Bereichen meines Lebens ich unterbewusst die Augen verschließe.

In diesem Buch geht es darum, diese Schattenseiten in uns ans Licht zu bringen. Unsere Ängste anzuerkennen, damit wir sie angehen können. Anstatt uns vor dem zu verkriechen, was uns Angst macht, wollen wir diese Ängste hervorzerren – groß oder klein, albern oder tiefschürfend – und uns auf sie einlassen.

Ja, uns auf sie einlassen.

Ein Zitat von Roosevelt besagt, dass es nichts zu fürchten gibt, als die Furcht selbst, und das ist absolut korrekt. *Obwohl es unser Instinkt ist, unsere Ängste zu meiden, lösen sie sich in Leichtigkeit und Freiheit auf, sobald wir uns auf sie einlassen.*

Wenn wir unsere Ängste leugnen, wenn wir sie nicht benennen, nicht anerkennen und sie unter den Teppich kehren, pfuschen wir in unserer Zukunft herum. Doch so wie eine eingeschaltete Lampe zeigen kann, dass das Monster unter dem Bett nur ein zusammengeknüllter Schlafsack war, werden sich auch deine Ängste bei genauerem Betrachten in Luft auflösen.

BESTANDSAUFNAHME **unserer tiefsten Ängste**

. . .

EINE ÜBUNG, die ich sehr hilfreich dafür fand, mir meiner Schattenseite bewusst zu werden und sie zu integrieren, ist die „Bestandsaufnahme unserer tiefsten Ängste", die von Dr. Carolyn Elliot in ihrem Buch *Existential Kink* beschrieben wird.

Ich empfehle wärmstens, das ganze Buch zu lesen, oder besser noch, das Hörbuch zu hören (die Stimme der Autorin ist herrlich ausdrucksvoll!). Ich habe schon vor Jahren die Taschenbuchausgabe gekauft, hatte sie allerdings enttäuscht zur Seite gelegt, nachdem ich feststellen musste, dass es sich hierbei nicht um eine Anleitung zu Fetisch-Sex handelte. Doch nachdem eine Coaching-Klientin in den höchsten Tönen von dem Buch geschwärmt hatte, nahm ich es noch einmal in die Hand. Das Buch ist eine fantastische Abhandlung über Schattenintegration als Methode, um für Klarheit in unseren Manifestationen zu sorgen. Den nachfolgenden Prozess drucke ich hier mit Erlaubnis der Autorin ab.

Für eine Bestandsaufnahme deiner tiefsten Ängste schreibst du oben auf einen Zettel: „Liebes Universum [oder was für dich stimmig ist], ich hasse und verachte ______________ [die Sache, die du manifestieren willst], weil ich die tiefe Angst habe, dass ich ______________."

Dann listest du 20 Ängste auf.

ALS ICH ÜBER mein Bedürfnis und meine Angst schrieb, einen neuen Partner zu finden, kam dabei Folgendes heraus:

. . .

LIEBES UNIVERSUM, ich hasse und verachte, dass ich einen Partner manifestiere, der mich liebt und vergöttert und der Reichtum in mir erschafft und mir zuhört und mich versteht, weil:

Ich die tiefe Angst habe, dass ich mich irgendwann mit ihm langweile.

Ich die tiefe Angst habe, dass ich keine Liebe verdient habe.

Ich die tiefe Angst habe, dass ich zuerst Zeit brauche, um mein Leben zu ordnen.

Ich die tiefe Angst habe, dass ich keinen Mann halten kann.

Ich die tiefe Angst habe, dass ich keinen guten Sex haben werde.

Ich die tiefe Angst habe, dass ich zu spät komme.

Ich die tiefe Angst habe, dass ich nicht mithalten kann.

Ich die tiefe Angst habe, dass ich zu spät anfangen werde.

Ich die tiefe Angst habe, dass meine Kinder ihn nicht mögen werden.

Ich die tiefe Angst habe, dass es meine Beziehung zu meinen Kindern ruiniert.

Ich die tiefe Angst habe, dass ich es nicht ertragen kann – es wird zu viel Liebe sein.

Ich die tiefe Angst habe, dass ich die Liebe zurückweisen werde.

Ich die tiefe Angst habe, dass ich mehr brauchen werde.

Ich die tiefe Angst habe, dass ich es mir anders überlegen werde.

Ich die tiefe Angst habe, dass es schwierig wird, unsere Finanzen zu vereinen.

Ich die tiefe Angst habe, dass es nicht funktionieren wird, und ich mich wieder scheiden lasse.

Ich die tiefe Angst habe, dass mein Herz bricht, wenn er stirbt.

Ich die tiefe Angst habe, dass ich Freundinnen brauche, die mich führen und coachen.

Ich die tiefe Angst habe, dass ich es nicht allein schaffe.

Ich die tiefe Angst habe, dass ich nicht die richtigen Eigenschaften für eine Ehe mitbringe.

DR. ELLIOT SCHLÄGT VOR, am Ende der Seite Folgendes zu schreiben: *Liebes Universum, ich bitte dich, diese tiefen Ängste umzukehren. Ich bete für das Wissen um deinen Plan für mich, und die Kraft, ihn auszuführen. Danke.*

Zum Schluss empfiehlt sie, diese Liste jemandem vorzulesen, der oder die sie bezeugt (ohne Rückmeldung, es geht nur ums Bezeugen. Danke, liebe Leser*innen, dass ihr meine Liste bezeugt habt!). Anschließend reiß die Liste in kleine Schnipsel.

Diese Übung mache ich als frühmorgendliche „Morgenseiten" (wie in *Der Weg des Künstlers*), wenn mein Verstand durch den Schlaf noch tief vom Unterbewusstsein durchdrungen ist.

Als ich das erste Mal versucht habe, diese Bestandsaufnahme durchzuführen, bemerkte ich, dass sich meine Blockaden, mein Einkommen auf das nächste Level zu bringen, noch immer um meinen Selbstwert drehten. Zuerst war ich enttäuscht darüber. Ich habe noch immer dieselben Blockaden? Habe ich nicht Jahre damit verbracht, sie zu beseitigen?

In diesem Moment verstand ich Werkzeug Nr. 2. **Wir können mangelnden Selbstwert nicht beseitigen. Wir können nur unser Verhältnis dazu verändern.**

· · ·

MEDITATION: **Löse Ängste in Licht auf**

WENN DU GERN EINEN Schritt weiter gehen möchtest, als das Universum nur darum zu bitten, deine Ängste aufzulösen, dann kann es eine wirksame Methode zur Integration sein, dich wirklich auf sie einzulassen – sie in dein Licht zu zerren und damit volle Verantwortung für sie zu übernehmen und sie umzuwandeln.

Führe die nachfolgenden Schritte aus oder lade dir hier eine geführte Meditation herunter.

1. Stelle dir vor, du und dein ganzes Sein wären eine riesige Lichtkugel, die einen Meter über deinen Körper hinaus in alle Richtungen strahlt.

2. Stelle dir vor, in der Mitte deiner Brust befindet sich ein Docht, direkt hinter deinem Brustbein. Zünde den Docht an und richte deine volle Aufmerksamkeit darauf, während das goldene Licht anwächst. Bade deine Herzregion in diesem heilenden Schein.

3. Lasse das Licht immer weiter anwachsen, bis es deine gesamte Lichtkugel ausfüllt.

4. Jetzt stell dir vor, wie du den Zettel mit all deinen Ängsten zusammenknüllst.

5. Halte die Papierkugel in die Flamme an deinem Herzen und richte deine Aufmerksamkeit darauf, bis das Papier vollständig verbrannt ist. Bis alle Asche verbrannt ist und nicht ein Staubkorn deiner Ängste mehr existiert.

6. Richte deinen Fokus wieder auf das Licht in der Mitte deiner Brust. Du merkst nun, dass diese Ängste dein Licht angefeuert haben. Genauso,

wie es ein Feuer anwachsen lässt, ein Holzscheit nachzulegen, hat auch die Integration deiner Ängste in dein Herzzentrum dein Feuer angefacht. Du bist nun eine stärkere, strahlendere und integriertere Person, die sich mit ihren Ängsten auseinandergesetzt und sie eingegliedert hat.

HEIMSPIEL

1. Fahre mit deinem Schlaf-Spa-Ritual fort.
2. Schreibe deine Träume in deinem *Entspannt zum Reichtum*-Tagebuch auf.
3. Schreibübung: Mache die „Bestandsaufnahme unserer tiefsten Ängste"-Übung
4. Mache die Meditation „Löse Ängste in Licht auf."

WERKZEUG NR. 4

Schlafe dich zum Erfolg

KAPITEL SIEBEN

Wir verbringen ein Viertel unseres Lebens mit Schlafen. Therapeuten der Jung'schen Schule wissen, dass wir unsere Träume nutzen, um Informationen über den Inhalt unseres Unterbewusstseins zu sammeln. Darüber hinaus können Traumzeit oder die ersten Momente nach dem Aufwachen ein Weg sein, um intuitive Botschaften zu erhalten. Ich würde sogar noch einen Schritt weiter gehen und behaupten, dass wir Traumzeit sogar bewusst einsetzen können, um unser Unterbewusstsein zu programmieren und unsere Manifestationen damit auf die Überholspur zu lenken. In den nächsten Kapiteln werden wir über dir drei „Schlafe dich zum Erfolg"-Schritte sprechen.

1. Programmiere schlafend dein Unterbewusstsein um
2. Träume es ins Sein
3. Luzide Träume

. . .

ERINNERST du dich an den Anfang des Buchs, als ich darüber gesprochen habe, dein Traum-Spa mit einigen kleinen Updates zu versehen, ein Gefühl des Verwöhnt-Werdens und der Self-Care herzustellen und dich für das Universum zu öffnen? Dieses Spa werden wir nun einsetzen. Falls du diesen Ort noch nicht vorbereitet hast oder deine Schlafroutine noch nicht angepasst hast, dann ist jetzt ein guter Zeitpunkt, um damit anzufangen. Blättere zurück und lies dir den Abschnitt „Vorbereitung" in Kapitel Zwei durch, um Ideen zu bekommen.

PROGRAMMIERE schlafend dein Unterbewusstsein um

UM DEINE TRAUMZEIT bestmöglich zu nutzen, ist es die einfachste Methode, dir direkt vor dem Einschlafen eine Audioaufnahme deiner Affirmationen anzuhören und sie auch laufen zu lassen, während du schläfst. Bevor ich mein erstes siebenstelliges Geschäftsjahr hatte, habe ich sechs Jahre lang nachts immer wieder eine Millionärs-Affirmation angehört. Ich glaube, mein letztlicher Erfolg hatte damit zu tun, dass etwas in mir mit der Vorstellung, Millionärin zu werden, resoniert hat, und ich Schritte unternommen habe, um das zu erreichen.

Zurzeit ist meine nächtliche Lieblingsmeditation ein YouTube-Video von Amanda Frances, das „Guided Sleep Meditation, Receive Love + Money Binaural Beats + Subliminals" heißt (zu Deutsch etwa: „Geführte Schlafmeditation, Empfange Liebe + Binaurale Geld Rhythmen + Subliminals"). Diese Meditation hilft mit

Selbstliebe und Überfluss, und sorgt dafür, dass ich am nächsten Morgen energiegeladen und glücklich aufwachen.

MEINER ERFAHRUNG nach gibt es Zeiten, in denen ich mir Aufnahmen anhören möchte, und Zeiten, in denen ich mit meinen Träumen und in meinem eigenen Schlafbereich allein sein möchte, ohne Unterbrechungen von außen. Hör auf dein Bauchgefühl – nur du weißt, was an jedem Abend richtig für dich ist.

FANGEN WIR MIT DIESER ÜBUNG AN:

1. **Bevor du ins Bett gehst, wähle eine Energie, in die du dich einhüllen willst. Schreibe den Gedanken oder die Energie, die du schlafend in dein Unterbewusstsein programmieren möchtest, in dein Tagebuch.**

   - Wenn du zum Beispiel eine Aufnahme zu Überfluss wählst, könntest du eine Affirmation wie: **„Ich bin ein Geldmagnet"** aufschreiben.
   - Wenn du eine Selbstliebe-Aufnahme anhören willst, könntest du schreiben: **„Ich bin absoluter Wahnsinn."**
   - Wenn du Ängste beseitigen oder Selbstbewusstsein aufbauen willst, dann schreibe etwas wie: **„Ich weiß in jeder Situation, wie ich mich verhalten und mit mir selbst umgehen muss."**

. . .

2. **Höre dir direkt vor dem Schlafengehen oder sogar während du schläfst eine Aufnahme zu „Bewusstseinsprogrammierung" an.**

EINE FREUNDIN ERZÄHLTE MIR, dass ihre Frisörin jeden Abend zum Einschlafen das Hörbuch von *Twilight – Biss zum Morgengrauen* gehört hat. In der Tat ein interessanter Input fürs Unterbewusstsein! Für diese Übung könntest du deine fünf Lieblingsbücher über Überfluss-Mindset anhören (beispielsweise *Schreib dich reich* – ha!), und sie nachts einfach sehr leise laufen lassen, sodass du sie nicht wirklich hörst, sondern nur ihre Energie empfängst.

Es gibt unendlich viele Aufnahmen, die du dir beim Schlafen anhören kannst, um dein Unterbewusstsein für alles, was du dir wünschst, zu programmieren – Überfluss, Liebe, was auch immer. Zusammen mit mehreren hundert Autor*innen und Kreativschaffenden, die sich mehr mit diesem Thema beschäftigen wollen, habe ich eine 27-tägige „Schlafe dich zum Erfolg"-Challenge durchgeführt. Anschließend habe ich eine Liste mit den Lieblingsaufnahmen dieser Menschen erstellt. Du findest sie am Ende dieses Buchs im Abschnitt „Ressourcen".

Vielleicht möchtest du immer wieder dieselbe Aufnahme anhören. Vielleicht brauchst du ein bisschen Abwechslung. Einige der Aufnahmen sind Subliminals (unterschwellige Reize). Die meisten von ihnen beginnen mit Text, damit du ihn hören kannst, bevor du einschläfst, und werden dann zunehmend unterschwelliger. Auf diese Weise kannst du dir sicher sein, dass du nicht dazu programmiert wirst, den Premierminister zu ermorden oder so etwas. Wenn dir die Vorstellung nicht gefällt, dir etwas Unterschwelliges anzuhören, dann verstehe ich das absolut! Du kannst jederzeit deine eigene Subliminals-Aufnahme erstellen oder dir etwas anhören, bei dem der Text die ganze Zeit hörbar ist, allerdings mit leise gedrehter Lautstärke. Das ist meine bevorzugte Methode, mir meine Aufnahmen anzuhören.

Die Lautstärke leiser zu drehen, kann außerdem helfen, wenn eine Aufnahme deinen Schlaf stören würde. Eine der Teilnehmerinnen meiner „Schlafe dich zum Erfolg"-Challenge fand, dass es ihr half, die Aufnahme leiser zu stellen und außerdem mit 0,75-facher Wiedergabegeschwindigkeit abzuspielen, um nicht länger aktiv zuzuhören.

Auch wenn du Worte und Geräusche nicht länger unterscheiden kannst, kannst du darauf vertrauen, dass dein Verstand die Aufnahme auf irgendeine Weise abspeichert, selbst, wenn es nur deine Absicht ist, das Material zu absorbieren (wie bei dem alten Ammenmärchen, vor einer Klausur mit dem Schulbuch unter dem Kopfkissen zu schlafen). Eine Aufnahme abzuspielen, während du schläfst, wird Teil deines Rituals. Es signalisiert deinem Unterbewusstsein, dass du etwas Wichtiges machst, und es fängt an, die Botschaft, die du programmieren willst, zu absorbieren. Dabei ist es egal, ob es die Worte tatsächlich hört oder nicht.

ENDLOSSCHLEIFE / **Repeat**

Wenn du die Audioaufnahmen über dein Handy hörst, und sie nicht lang genug sind, um die ganze Nacht über zu laufen, dann musst du sie auf eine App übertragen, die diese Aufnahme in eine Endlosschleife verwandeln kann.

Das Icon für Endlosschleife / Repeat ist dieses hier:

Auf einem iPhone bedeutet das, die Aufnahme zu iTunes hinzuzufügen (die Datei also von deinem Desktop auf die Musikapp zu ziehen). In iTunes kannst du die Repeat-Funktion auswählen. Du könntest auch eine Playlist mit unterschiedlichen Aufnahmen erstellen, die insgesamt acht Stunden Schlaf abdeckt.

Sleepbuds / Schlafkopfhörer

Wenn dein Bettnachbar kein gewillter Teilnehmer an diesem Experiment ist, dann musst du vermutlich auf Sleepbuds zurückgreifen. Es gibt sogar welche für Seitenschläfer. Manche sind in ein Stirnband integriert, manche bieten zudem Noise-Cancellation. Du kannst sie auf Amazon finden oder google einfach nach „Sleepbuds" oder „Schlafkopfhörer".

3. **Nimm dir am Morgen 5 bis 20 Minuten Zeit, um deine Träume der letzten Nacht aufzuschreiben, einschließlich deines emotionalen Zustands im Traum und beim Aufwachen.**

Indem du regelmäßig die Themen deiner Träume notierst, erkennst du an, was dein Unterbewusstsein dir mitteilen will. Du signalisierst ihm, dass du bereit bist, aktiv mit ihm zusammenzuarbeiten, um zu manifestieren.

Du wirst anfangen, deine unterbewussten Blockaden zu

erkennen, die dich vom Manifestieren abhalten, und kannst sie aktiv beseitigen.

HINWEIS: Wenn du an Nachtschreck leidest und nicht in dieser Energie verweilen willst, dann überspringe diesen Schritt, bis du mit einer*m Therapeut*in gearbeitet hast, um das nächtliche Trauma zu integrieren.

NACHDEM DU DEN Inhalt deiner Träume aufgeschrieben hast, kannst du dein Traumtagebuch benutzen, um deinem höheren Verstand Fragen zu stellen und Antworten zu erhalten. Das kann etwas so Pragmatisches sein wie:

- „Was bedeutet dieser Traum?"
- „Was ist das Wichtigste, das ich heute tun soll?"
- „Wie kann ich ___________ [Dilemma] lösen?"

ODER DIE FRAGEN können spiritueller sein:

- „Was möchte mir mein spirituelles Ich heute mitteilen?"
- „Welche Nachricht schickt mir die Quellenenergie [oder mein Höheres Ich, meine höchsten Führer, das Universum]?"

Es ist vollkommen in Ordnung, wenn du dich nicht an deine Träume erinnerst. Es geht in erster Linie um den Versuch, dich an sie zu erinnern und bewusst zu versuchen, deine Schlafenszeit zum Manifestieren zu nutzen. Vertraue darauf, dass Wunder wirken. Dein Gehirn nimmt diese neuen Informationen auf und fängt an, sich zu verändern.

Toby Neal, eine der Autorinnen in meiner Gruppe, schrieb mir eines Tages während der Challenge: „Ich sehe zwar noch keinen konkreten Anstieg in meinem Einkommen, aber ich bekomme beinah täglich neue Ideen, wie ich Geld verdienen kann. Ich bin jetzt viel motivierter, sie umzusetzen." Sie erzählte außerdem, dass sie nach zwölf Jahren als Vollzeitautorin im Indie-Sektor unter niedrigschwelligem Burnout litt, nun aber das Gefühl hatte, dass die Freude für ihre Arbeit allmählich zurückkehrte.

Heimspiel

1. Fahre mit deinem Schlaf-Spa-Ritual fort.
2. Höre dir mindestens einmal pro Woche eine Subliminal-Aufnahme an, um dein Unterbewusstsein für all das zu programmieren, das du dir wünschst.
3. Schreibe deine Träume in deinem *Entspannt zum Reichtum*-Tagebuch auf und achte auf wiederkehrende Themen.

KAPITEL ACHT

T räume es ins Sein

VOR EIN PAAR Jahren erkannte ich Folgendes. Wenn unsere Träume reflektieren, woran sich unser Unterbewusstsein gerade abarbeitet und in welche Richtung unsere Energie strömt, dann könnte man auch argumentieren, dass wir unsere Träume umkehren und unsere Manifestationen auf die Überholspur katapultieren können (indem wir über die Dinge träumen, die wir manifestieren wollen). **Schließlich geht es bei der Manifestation darum, unsere Energie mit der Sache in Einklang zu bringen, die wir erschaffen wollen.** Unser Bewusstsein ist normalerweise mit an Bord, was unsere Wünsche angeht, aber es ist unser Unterbewusstsein, das limitierende Glaubenssätze, schmerzhafte Erinnerungen oder Ängste birgt, die in uns *Widerstand* gegen das, was wir erreichen wollen, erzeugen.

Schon früher hatte ich hin und wieder mit luzidem

Träumen experimentiert, und so habe ich mich nach dieser Erkenntnis kopfüber hineingestürzt. Ich schrieb gerade an meinem ersten Buch über Manifestation, *Schreib dich reich*, und bot zusammen mit meiner Co-Autorin Lee Savino ein monatliches Coaching-Programm an. Ich wusste, dass ich dieses Thema liebte, und es fühlte sich für mich so an, als wäre diese Arbeit meine „Lebensaufgabe". (Nicht, dass über heiße Werwölfe und Mafiahelden zu schreiben nicht ebenfalls meine Aufgabe wäre.) Ich hatte das große, kniffflige, dreiste Ziel, eines Tages eine internationale Rednerin zum Thema Überfluss-Mindset und Manifestation zu sein. Trotz meiner Angst davor, vor Menschenmengen zu sprechen, war ich überzeugt, etwas zu sagen zu haben, und wollte eine Person sein, die auf Konferenzen sprach.

In dieser Nacht versuchte ich, davon zu träumen. Vor dem Einschlafen sagte ich mir, dass ich davon träumen wollte, eine internationale Rednerin zu sein. Jedes Mal, wenn ich mich während der Nacht umdrehte und etwas wacher wurde, bestätigte ich diese Intention.

Es funktionierte nicht.

Zumindest glaubte ich das. Ich hatte keinen einzigen Traum darüber, wie ich in den USA oder sogar international als Rednerin auftrat. Ich erinnerte mich nicht einmal an meine Träume dieser Nacht.

Doch um halb vier an diesem Nachmittag erhielt ich eine E-Mail von meiner befreundeten Kollegin LK Shaw, die fragte, ob ich in ihrer *Mastermind*-Gruppe sprechen wollte.

Das ist das Verrückte an Manifestationen – wir selbst sind wirklich und wahrhaftig das Einzige, was uns zurückhält. Unsere Glaubenssätze, unser Selbstbild und unsere Fähigkeit, zu empfangen, beschränken, wie viel Gutes uns das Universum liefern kann.

Mein erster Gedanke war, dass ich ja gar nicht wusste,

wie man so etwas machte. Ich wusste nicht, was ich sagen sollte oder könnte. Ich versuchte, es in den Rahmen dessen zu verbannen, in dem ich mir sicher war – Gruppencoaching. Ich fragte LK, ob sie mit einer offenen Gesprächsrunde einverstanden wäre, bei der die Teilnehmer*innen Fragen stellten und ich antwortete, oder ob sie wirklich eine *Präsentation* erwarteten, was mir ehrlich gesagt eine Heidenangst einjagte.

LK besprach sich mit der Gruppe und meldete mir anschließend die folgende Frage zurück: „Wenn Renee für eine Konferenz angefragt werden würde, worüber würde sie sprechen?"

Nenn mich ruhig schwer von Begriff, aber bis zu diesem Augenblick realisierte ich nicht, dass das Universum gerade versuchte, mir meinen Wunsch zu überbringen! Ich hatte nicht nur meinen Versuch, von meiner Rednerinnenkarriere zu träumen, vollkommen vergessen, sondern mein anfängliches Sträuben und meine Angst blockierten mich auch und verhinderten, dass ich die Verbindung herstellte.

Sobald mir das klar wurde, stand ich mir nicht länger selbst im Weg, sondern nahm das Angebot an. Ich bedankte mich beim Universum dafür, mir diesen ersten Schritt auf dem Weg zum Sprecherinnen-Dasein geschickt zu haben. Seither wurde ich zu mindestens einem halben Dutzend Konferenzen als Sprecherin eingeladen. Und auch, wenn ich jedes Mal noch immer die Hosen voll habe, bringt mich jeder Vortrag meinem Traum näher.

FÜR DIESE ÜBUNG:

1. Lade meine kostenlose „Träume es ins Sein"-Meditation zum Einschlafen hinunter. Gib dazu hier deine E-Mail-Adresse ein.
2. Bevor du ins Bett gehst, schreibe in dein Tagebuch, worüber du träumen möchtest.

AN DIESER STELLE ist es wichtig, dir über das *Warum* für deine Manifestation klar zu werden. Es ist schwer, einfach zu träumen, man hätte eine Million Dollar. Dein Unterbewusstsein kann die Essenz dessen nicht greifen – was erklärt, warum es nicht immer einfach ist, diese Million zu manifestieren. Es ist nicht wirklich das Geld, das du willst, es ist etwas anderes, nämlich das, was dieses Geld repräsentiert. Wenn du dich darauf fokussierst, was unter der Oberfläche schlummert – auf das, was du dir tatsächlich wünscht – dann wirst du die richtige Vibration verkörpern und manifestieren, was du dir wünschst. Das gilt sowohl für nächtliche Träume als auch für das, wovon du tagsüber und bewusst träumst.

Beispielsweise könnte diese Million für dich Luxus bedeuten. Dann ist es womöglich einfacher, von einem neuen Auto zu träumen oder davon, in ein herrliches neues Haus zu ziehen. Wenn Geld für dich Freiheit bedeutet, dann möchtest du vielleicht davon träumen, die Welt zu bereisen oder Shoppen zu gehen, ohne aufs Budget zu achten. Wenn Geld für Erfolg steht, dann kommt dir womöglich eine Szene in den Sinn, die diesen Erfolg für dich darstellt – wie eine applaudierende Fangemeinde oder eine lange Schlange von Kunden vor deinem Geschäft.

Du könntest also in dein Tagebuch schreiben:

- „Ich werde davon träumen, wie ich mein neues Auto fahre."
- „Ich werde davon träumen, wie eine lange Schlange von Leser*innen darauf wartet, dass ich ihre Bücher signiere."
- „Ich werde von meinem neuen Partner träumen."

1. Höre dir vor dem Einschlafen die „Träume es ins Sein"-Aufnahme an und erinnere dich im Laufe der Nacht daran, wovon du träumen möchtest. Beginne, wiederkehrende Themen oder Figuren deiner Träume in deinem *Entspannt zum Reichtum*-Tagebuch aufzuschreiben.
2. Nimm dir am Morgen 5 bis 20 Minuten Zeit, um alle Träume der letzten Nacht aufzuschreiben, einschließlich deines emotionalen Zustands im Traum und beim Aufwachen.

INDEM DU REGELMÄßIG DIE Themen deiner Träume notierst, erkennst du an, was dein Unterbewusstsein dir mitteilen will. Du signalisierst ihm, dass du bereit bist, aktiv mit ihm zusammenzuarbeiten, um zu manifestieren.

Du wirst anfangen, deine unterbewussten Blockaden zu erkennen, die dich vom Manifestieren abhalten, und kannst sie aktiv beseitigen.

· · ·

HINWEIS: Wenn du an Nachtschreck leidest und nicht in dieser Energie verweilen willst, dann überspringe diesen Schritt, bis du mit einer*m Therapeut*in gearbeitet hast, um das nächtliche Trauma zu integrieren.

NACHDEM DU DEN Inhalt deiner Träume aufgeschrieben hast, kannst du dein Traumtagebuch benutzen, um deinem höheren Verstand Fragen zu stellen und Antworten zu erhalten. Das kann etwas so Pragmatisches sein wie:

- „Was bedeutet dieser Traum?"
- „Was ist das Wichtigste, das ich heute tun soll?"
- „Wie kann ich ____________ [Dilemma] lösen?"

ODER DIE FRAGEN können spiritueller sein:

- „Was möchte mir mein spirituelles Ich heute mitteilen?"
- „Welche Nachricht schickt mir die Quellenenergie [oder mein Höheres Ich, meine höchsten Führer, das Universum]?"

ALS RENAE FRANZ, Gründerin und Geschäftsinhaberin von Flirte Beauty, diese Übung ausprobierte, entschied sie, dass sie davon träumen wollte, jeden Monat zusätzliche $5000 zur Verfügung zu haben, mit denen sie ihre Rentenkasse aufbessern kann. Ich hätte vermutet, dass diese Intention schwer zu realisieren ist – von einer bestimmten Summe zu träumen, ist viel, viel schwieriger, als sich vorzustellen, im Luxus zu leben oder eine hohe Rechnung oder Schulden zu bezahlen. Doch siehe da, Renae schrieb mir bereits am nächsten Tag eine Nachricht und berichtete, es hätte funktioniert! Sie hatte einen Stand auf einer renommierten Konferenz ergattert, der über siebentausend Dollar wert war, und hatte außerdem eine neue Coaching-Klientin gebucht, was ihr weitere fünfzehnhundert Dollar einbringen würde. Ich liebe solche umgehenden Rückmeldungen des Universums!

HEIMSPIEL

1. Fahre mit deinem Schlaf-Spa-Ritual fort.
2. Höre dir vor dem Einschlafen die „Träume es ins Sein"-Meditation an.
3. Schreibe deine Träume in deinem *Entspannt zum Reichtum*-Tagebuch auf und achte auf wiederkehrende Themen.

KAPITEL NEUN

L uzide Träume

ICH BIN MIR SICHER, dass luzides Träumen – die Fähigkeit, deine Träume zu manipulieren – kein neues Konzept für dich ist. Mit Mitte zwanzig habe ich selbst damit herumgespielt und es ein paar Mal wirklich geschafft, zu fliegen oder Sex zu haben, aber dann wurde es langweilig. Was war denn bitte der Sinn und Zweck des Ganzen?

Es wurde erst wieder interessant für mich, als ich anfing, luzides Träumen zum Manifestieren einzusetzen.

Zunächst muss ich sagen, **dass es absolut okay ist, wenn du bisher noch keine luziden Träume hattest.** Die Luzidität ist nicht das Endziel. Das Ziel ist es, deine Energie und dein Unterbewusstsein zu programmieren.

Macht es einen Unterschied, ob du luzid träumst oder nicht? Verlangsamt es deine Manifestation, wenn du es nicht tust? Absolut nicht.

Auch wenn du nur den ersten oder die ersten beiden Schritte in „Schlafe dich zum Erfolg" befolgst, kannst du dennoch alle Vorteile der Übung auskosten. Luzides Träumen ist dann nur noch die Kirsche auf dem Sahnehäubchen.

Luzide Träume sind eine Reise zur Selbstermächtigung. Es ist deine Chance, zu erkennen, wie durchlässig und formbar dein Unterbewusstsein tatsächlich ist. Wie es auf Bilder und Symbole reagiert. Wie es dir Informationen übermittelt und deine Anweisungen befolgt.

Es ist eine unglaublich wirksame Methode, dich mit deinem Unterbewusstsein zu verbünden. Wenn ich mich in diesem Traum-Zeit-Raum aufhalte, kann ich mir eine virtuelle Realität jener herrlichen Zukunft zeigen, die ich mir wünsche. Ich kann diese Realität fantastisch oder magisch werden lassen – ich kann am Eiffelturm schaukeln, problemlos ein Spagat machen oder über Gebäude fliegen. Ich kann einen Saal betreten und alle Menschen darin werfen mir Rosen vor die Füße.

Ich kann hässliche Bilder in wunderschöne verwandeln. Unangenehme Situationen in solche, in denen ich selbstermächtigt bin.

Wenn ich in diesem Traumreich spiele, fühlt sich das wie eine Kollaboration zwischen mir und meinem Unterbewusstsein an. Es ist wie das Spiel, bei dem man zusammen eine Geschichte erzählt und jede*r ringsum einen Satz dazuerfindet. Ich schlage eine Richtung vor und mein Unterbewusstsein nimmt den Aufschlag an und verwandelt ihn in eine Vision. Manchmal wirkt es sogar so, als ob ich mit meinem Höheren Ich zusammenarbeite und seine Führung erhalte.

Später werden wir noch darüber sprechen, wie du dein

Traum-Spa einsetzen kannst, um deine Intuition zu erschließen.

Außerdem werden wir uns auch noch näher mit dem Deuten von Träumen beschäftigen, aber ich wollte an dieser Stelle bereits darauf zu sprechen kommen. Dir über die Themen deiner Träume bewusst zu sein, kann die Richtung für die Umprogrammierung angeben.

Als ich mit dieser Übung begonnen habe, bemerkte ich, wie die Schauplätze meiner Träume in bestimmte Kategorien fielen:

a. Häuser, in denen ich früher gelebt habe. Meistens war es das erste Haus, das mein Ex-Mann und ich zusammen gekauft haben, als wir fünfundzwanzig waren, oder eins der beiden Häuser aus meiner Kindheit. (Scheinbar ist während meiner College-Zeit nichts vorgefallen, was ich verarbeiten muss.)

b. Düstere, unordentliche, vollgestellte Räume – Speicher, Keller und dergleichen. Wenn ich unordentlich und vollgestellt sage, dann meine ich auf **Messie-Level**. Es ist nirgendwo Platz, um sich zu bewegen.

c. Verschmutzte, gruselige Badezimmer. Ich vermute, dass ich von Badezimmern träume, weil ich aufwache und auf die Toilette muss, aber sie sind einfach nie sauber oder geräumig. Es sind ekelhafte, schreckliche Orte, schlimmer als ein Plumpsklo.

WÄHREND ICH ALSO ANFING, mit luziden Träumen zu experimentieren, um zu manifestieren, erlebte ich immer wieder klare Momente. Ich erkannte, dass der unordentliche Raum nur ein Traum war, und das löste einen Augenblick der Klarheit aus.

Weil ich fest entschlossen war, diese Traumzeit zu nutzen, um meine Wunschrealität zu erschaffen, verwandelte ich dieses Zimmer mit einer Handbewegung in ein geräumiges, ordentliches Zimmer wie aus dem *Architectural-Digest*-Magazin.

Die Möbel sprangen wie von Zauberhand aus dem Weg und arrangierten sich in gerade, saubere Linien. Die Unordnung verschwand. Das Zimmer wurde um Weiten geräumiger.

Hast du den Film *Everything, Everywhere, All at Once* gesehen? Genauso ist es in deinen Träumen – du kannst jede Vision und jede Erfahrung projizieren und sie zu dem formen, was du sehen willst. Du kannst aus dem Nichts heraus erschaffen.

Für mich war dieses Transformieren meiner Träume unglaublich ermächtigend. Die Erkenntnis, dass ich alles verändern konnte, indem ich einfach meine Vision in die richtige Richtung lenkte, wurde auch zu einem Mechanismus, wenn ich wach war. Wir müssen nicht das eklige, schmutzige Badezimmer benutzen. Wir können uns für eine andere Realität entscheiden, einfach, indem wir sie uns neu vorstellen. Einfach, indem wir daran glauben, wird es möglich.

Und das ist das größte Geschenk luzider Träume. Wenn du erkennst, was in deinen Träumen möglich ist, dann weißt du, dass es auch im wachen Zustand formbar ist.

Beth Dolgner, eine Autorin für paranormale Romane und Sachbücher, erzählte mir von ihren Versuchen mit luziden Träumen. „Während der Challenge schaffte ich es zwar nicht, luzid zu träumen, aber ich konnte eine deutliche Veränderung in der Art meiner Träume feststellen. Zum einen hatte ich gute Träume. Das ist für mich eine große Sache, weil ich extrem lebhafte Träume habe, die normalerweise von ‚seltsam‘ bis hin zu ausgeprägten Albträumen reichen. Allein die Tatsache, dass ich einen Monat lang nur fröhliche Träume hatte, ist fantastisch! Ich bin jeden Morgen ausgeruht und bereit für meinen Tag aufgewacht.“

DIEJENIGEN, die mit Manifestationen und Metaphysik herumexperimentieren, verstehen das Konzept „Wie innen, so außen.“ Unsere äußere Realität passt sich unserem Inneren an. Wenn wir mit unserem Unterbewusstsein als aktiv Beteiligtem zusammen in unseren Träumen die Realität erschaffen, die wir uns wünschen, dann ergibt es nur Sinn, dass wir sie auch im wachen Zustand erschaffen werden.

MIT LUZIDEN TRÄUMEN EXPERIMENTIEREN:

1. **Frage dich im Laufe eines <u>Tages</u> immer wieder, ob du (nur) träumst.** Angeblich bringt dich diese Konditionierung dazu, dich auch nachts zu fragen, ob du träumst. Du wirst erkennen, dass du dich tatsächlich in einem Traum befindest. (Für mich war der „Träume es ins Sein“-Schritt des „Schlafe dich zum Erfolg“-Werkzeugs die einzige Vorbereitung, die ich brauchte, um diese Augenblicke herbeizuführen.)

2. Fahre mit deinem Schlaf-Spa-Ritual fort und erhalte den Entspannungs-Vibe aufrecht, damit dein Bett weiterhin ein heiliger, intuitiver Ort bleibt.

3. Schreibe vor dem Einschlafen in dein Tagebuch und formuliere, wovon du träumen willst.

4. Höre dir meine gratis Meditation „Luzides Träumen" an. Du kannst sie hier herunterladen, indem du deine E-Mail-Adresse eingibst. Alternativ bieten sich auch die Meditationen auf der Webseite *Insight Timer* an, die am Ende des Buchs in „Ressourcen" zu finden sind.

VERSUCHE, während deines Traums zu bemerken, wenn eins oder mehrere deiner üblichen Themen auftaucht. Ebenso, wie du dich im Laufe der letzten Tage immer wieder daran erinnert hast, wovon du träumen willst, erinnerst du dich jetzt daran, luzid zu träumen.

5. Wenn du klar oder luzid wirst, versuche aktiv, die Bilder nach Lust und Laune zu gestalten. Du kannst alles erschaffen. Es muss nicht realistisch sein. Lass es ruhig fantastisch oder hanebüchen sein. Stell dir vor, wie du durch einen Geldspeicher schwimmst oder dich in Scheinen suhlst. Springe wie eine Gazelle, vollführe einen Rückwärtssalto, liefere dir mit einem Gepard ein Wettrennen. Stell dir vor, wie du vor einem Stadion voller Menschen stehst, die deinen Namen rufen. Spiele mit den Bildern herum, die dir die Frequenz dessen vermitteln, wonach du strebst – Überfluss, Erfolg, Selbstermächtigung.

> Das ist der Weg, um eine Zukunft zu erschaffen,
> in der du leben kannst und willst.
> 6. Schreibe alle Träume, Erfahrungen und
> Einsichten in dein *Entspannt zum Reichtum*-
> Tagebuch. Fühl dich eingeladen, sie in der *Relax
> to Riches*-Facebookgruppe zu teilen.

FÜR MICH PERSÖNLICH SIND DIE frühen Morgenstunden die ergiebigste Zeit, um luzid zu träumen. Ich wache oft auf und erinnere mich an meinen letzten Traum. Anschließend versuche ich, mit einer Absicht zu diesem Traum zurückzukehren, und für die ersten Momente kontrolliere ich diesen Traum. Dann versinke ich meist tiefer im Schlaf und verliere diese Luzidität.

> Es ist völlig okay, falls du deine Träume noch nicht komplett (um)lenken kannst. Einfach auf diese Momente zu achten und zu wissen, dass du Veränderungen im Traum bewirken kannst, wird dir ein Gefühl der größeren Macht über deine Träume und folglich im wachen Zustand geben. Diese kleinen Erfolge programmieren nach und nach dein Unterbewusstsein um.

Mit Luzidität zu experimentieren, ist wie ein Muskel, der trainiert werden muss. Lass dich nicht verunsichern, wenn du es nicht jede Nacht schaffst zu träumen, du wärst eine Königin in ihrem eigenen Schloss. Die winzigen Momente, in denen du Unordnung beseitigst und das Szenario änderst, sind noch viel wichtiger!

KAPITEL ZEHN

Traumdeutung

Etwa einen Monat, bevor ich zu einer großen Leseveranstaltung fahren sollte, träumte ich, wie ich auf der Veranstaltung war und die anderen Autor*innen und ich eine Art Hinderniskurs bewältigen mussten. Und das tat ich auch – ich sprang von zwei Meter hohen Mauern und krabbelte durch Autoreifen hindurch, zusammen mit allen anderen Autor*innen ... *die mich komplett ignorierten.*

Im Traum *fühlte* ich mich ignoriert. Das ist wichtig zu registrieren – im Traum passieren seltsame Dinge ganz selbstverständlich, aber es sind deine Gefühle und Reaktionen auf diese fantastischen Dinge, die ein wichtiger Maßstab sind. In diesem Traum wollte ich den anderen Autor*innen mit der Hand vor dem Gesicht herumfuchteln und rufen: „Hey! Ich bin auch wer! Kennt ihr mich nicht?"

Als ich aufwachte und meinen Traum analysierte,

wurde ich mir über ein paar Dinge bewusst, die mir der Traum gezeigt hatte.

1. Die Leseveranstaltung als Hinderniskurs.

ICH SEHE diese Darstellung der Veranstaltung als Hinweis darauf, dass mein Unterbewusstsein glaubt, ich müsse mich verstellen und verdrehen und mir ein Bein ausreißen, mit anderen Autor*innen in den Wettstreit treten und bei Signierstunden Hindernisse überwinden. Mein Bewusstsein hätte zugestimmt – ich tendiere zu dem Gefühl, dass jede*r andere auf der Veranstaltung weiß, wie Signierstunden „richtig" gehen, nur ich weiß es nicht.

2. Andere Autor*innen ignorieren mich.

LAUT CARL JUNGS TRAUMANALYSE sind alle anderen Figuren in deinem Traum ebenfalls du. Jede Figur in deinem Traum steht für eine andere Facette deiner Persönlichkeit – bewusst anerkannt oder nicht. Erinnerst du dich an den Film *Being John Malkovich*, in dem die Figuren in Malkovichs Traumbewusstsein versetzt werden? In einer Szene sind die einzigen Worte, die aus den Mündern der anderen Kinder in einem Bus kommen: „John Malkovich, John Malkovich, Johnny Johnny Malkovich!" Das war ein Hinweis auf Jungs Einstellung zu Traumarbeit, bei der alles und jeder im Traum du bist. Im Umkehrschluss bedeutet das, dass der Traum als ein Symbol für dich selbst fungiert, als ein Aspekt deiner selbst.

Als ich aus diesem Traum aufwachte, interpretierte ich die Bedeutung des Traums nicht so, dass ich bei der Leseveranstaltung tatsächlich unsichtbar sein würde oder andere Autor*innen mich nicht sehen könnten und denken würden, ich wäre unwichtig. Vielmehr bedeutete der Traum, dass ich auf irgendeiner Ebene **selbst glaubte**, ich sei unsichtbar und unwichtig, wenn ich zu diesen Leseveranstaltungen und Signierstunden fuhr.

Der Traum war kein Omen, keine Warnung davor, die Veranstaltung zu besuchen, weil die anderen Autor*innen ichbezogene, fiese Mädels sind. Ganz und gar nicht. Allerdings bestand Gefahr, dass der Traum zu einer Vorhersage für die Zukunft werden konnte, wenn ich nicht entschied, meine Energie mit meinem limitierenden Glaubenssatz, ich sei unsichtbar, zu versöhnen. Meine Energie war in diese Richtung unterwegs, was bedeutete, dass ich genau das manifestieren würde.

Limitierende Glaubenssätze **neu definieren**

Dankbar für die Erkenntnis, dass Leseveranstaltungen für mich praktisch olympische Wettbewerbe sind und ich mich selbst als unwichtig sehe, beleuchtete ich diesen Glaubenssatz näher. Stimmte er?

Wohl kaum.

Sobald ich diesen Glaubenssatz aus meinem Unterbewusstsein hervorgezerrt und wirklich betrachtet hatte, erkannte ich, dass ich nicht unsichtbar bin. Viele andere Autor*innen halten bei Signierstunden an meinem Tisch an, um Hallo zu sagen, meine Bücher zu kaufen, zu plaudern oder anderweitig in Austausch zu kommen. Und doch beharrte ich darauf, mich und meine Arbeit weiterhin durch die Brille des Mangels zu betrachten und zu befürchten, ich würde nicht dazugehören (oh, diese alten Wunden aus der Schulzeit, die einmal mehr geheilt werden wollen!).

Mir war klar, dass Lese- und Signierveranstaltungen dieser Größenordnung hunderte von Autor*innen und tausende Leser*innen anziehen würden. Viele Autor*innen – ebenso wie unsere Leser*innen – sind introvertiert. Der Großteil von uns ist in Bücher vergraben aufgewachsen, anstatt von einer Party zur nächsten zu flattern, also ergibt es nur Sinn, dass ich dort nicht gerade viele offene, einladende Gesichter sehen würde, wenn ich mich umschaue. Jede*r hier fühlt sich vermutlich – genau wie ich – wie ein Hochstapler und vergleicht sich permanent! Wir sind nervös, hoffen, alles richtigzumachen, und wollen wichtig sein.

ABGESEHEN DAVON MUSS ich auch verhältnismäßig bleiben. Mag sein, dass ich eine Million Bücher verkauft habe, aber wenn man sich vorstellt, wie viele Bücher und wie viele Leser*innen es gibt, und wie viele dieser Leser*innen tatsächlich Leseveranstaltungen besuchen, dann ergibt es Sinn, dass sich nicht unbedingt Horden von Fans an meinen Tisch drängen. Das heißt nicht, dass ich keine echte Autorin bin. Die Tatsache, dass ich überhaupt zu einer großen Lese- und Signierveranstaltung eingeladen wurde, beweist, dass ich es geschafft habe! Ich bin eine echte Autorin. Es gibt keinen Grund, weshalb ich mich weniger wert fühlen sollte, nur weil ich noch keine Autorin bin, für die auf diesen Veranstaltungen Tickets verkauft werden. Allerdings könnte ich anfangen, diese Realität durch luzides Träumen Wirklichkeit werden zu lassen!

. . .

DER HINDERNISKURS in meinem Traum hingegen stellte eine einfache Umkehrung für mich dar. Jedes Mal, wenn mir etwas schwerfällt, sage ich einfach: „Universum, zeig mir Leichtigkeit." Oder: „Wie könnte das einfacher werden?" Wenn Leichtigkeit deine Intention ist, wo es vorher Anstrengung war, kann das einen riesigen Unterschied in deinem Leben machen!

Du erkennst nun sicherlich, wie wichtig dieser Traum war!

Wenn ich davon träume, wie Leser*innen vor meinem Tisch Schlange stehen, *ich aber in Wirklichkeit glaube, Signierstunden wären schwer und ich unwichtig*, dann stimmt meine Energie nicht mit dieser Manifestation überein.

Die Arbeit an diesem Traum hat mir die Blockaden aufgezeigt, die ich beseitigen musste, wenn ich die Energiefrequenz langer Schlangen an meinem Tisch heraufbeschwören wollte.

Wie sich herausstellte, war die Veranstaltung letzten Endes eine vollkommen andere Erfahrung für mich als befürchtet. Meine Angst davor, unwichtig zu sein, war verschwunden. Ich ging nicht länger davon aus, dass mich andere Autor*innen für irrelevant hielten. Stattdessen fragte ich nach Telefonnummern, schrieb Nachrichten, um mich zum Essen zu verabreden, und zählte mit, wie viele Autor*innen an meinem Tisch anhielten, um mir zu sagen, dass mein Buch *Schreib dich reich* ihr Leben verändert hatte. Und ich machte dieses Mal auch neue Erfahrungen mit Leser*innen. In der Vergangenheit war ich oft enttäuscht gewesen, wenn Leser*innen an meinem Tisch kamen, um Hallo zu sagen und mir zu versichern, dass sie meine Bücher liebten, dann aber kein Buch kauften. Ich verstand nun, dass nicht jede*r mit fünfzig Taschenbüchern unter dem Arm nach Hause fahren will, die sie vermutlich schon als E-Book besitzen. Ich konnte ihre Liebe, Anerkennung und Wertschätzung annehmen, anstatt mich zu fragen, was ich falsch gemacht hatte, wenn sie ohne ein Buch in der Hand wieder davongingen.

UNSERE TRÄUME ZEIGEN uns Blockaden

WENN DU DIE Schritte in „Schlafe dich zum Erfolg" durcharbeitest, dann erinnerst du dich vermutlich schon besser an deine Träume. Lass dich nicht entmutigen, wenn sie nicht alle von Reichtümern und Glück handeln. Das ist das Schöne an der Umkehrung, deine Energie mit deinen Träumen zu lenken. Du kannst unangenehme Träume so abändern, dass sie zu dem Leben passen, dass du erschaffen möchtest. Du kannst dein Selbstbild aktualisieren und dein Schatten-Ich integrieren. Du kannst ganz und glücklich werden.

BEGINNE MIT DEINER TRAUMDEUTUNG:

1. Liste häufige Themen und Emotionen auf, die in deinen Träumen vorkommen.

HÄUFIGE THEMEN KÖNNEN BEISPIELSWEISE SEIN: die Angst, irgendwo unvorbereitet aufzutauchen (genau diesen Traum hatte ich erst letzte Nacht. Ich musste im College eine Abschlussklausur in Chemie schreiben und hatte den Kurs nur ein einziges Mal besucht!), die Angst davor, bestohlen zu werden, nicht bezahlt zu werden, nicht beachtet zu werden, dich unwichtig zu fühlen, das Gefühl zu haben, dich vor irgendwem oder irgendwas verteidigen zu müssen, das Gefühl zu haben, nicht gut genug zu sein oder nicht dazuzugehören.

2. Liste Personen oder Figuren auf, die häufig in deinen Träumen vorkommen

TAUCHT DEIN Ex immer wieder in deinen Träumen auf? Gibt es ein Anti-Du – jemand, der oder die dein Gegenteil ist (z. B. organisiert ist, wo bei dir nur Chaos herrscht, dominant ist, wo du unterwürfig bist)? Ein Star? Siehst du häufig deine Eltern oder ehemalige Lehrer*innen? Gibt es eine Autoritätsperson, die dir im Traum die ungeschminkte Wahrheit serviert? (Kurz vor dem Aus meiner Ehe tauchte die Rektorin aus der Schule meiner Kinder in meinem Traum auf und erklärte mir, es sei an der Zeit, die Scheidung einzureichen. Da ich selbstständig war und keinen Boss hatte, war sie vermutlich das beste Beispiel für eine Autoritätsperson, das meinem Verstand einfiel.)

3. Notiere Orte und Umfelder aus deinen Träumen

MEINE TRÄUME FINDEN OFT in den Häusern meiner Kindheit oder dem ersten Haus statt, das mein Ex-Mann und ich zusammen gekauft haben. Und dann sind da die unordentlichen Räume, die ich bereits erwähnt habe. Was sind Orte, die häufig in deinen Träumen vorkommen?

· · ·

Mit dem Inhalt deiner Träume arbeiten

DEN INHALT deiner Träume nach Blockaden, Themen oder Frequenzen zu durchforschen, die in entgegengesetzter Richtung zu deinen gewünschten Manifestationen liegen, ist den Aufwand wert. Ich weiß, ich habe mich auch lange geweigert, meine Träume genauer zu betrachten, weil ... *argh!* Sie handelten immerzu von meinen Unsicherheiten und meiner sozialen Unbeholfenheit. Nichts, womit ich mich auch tagsüber noch eingehend beschäftigen wollte.

Doch bei „Schlafe dich zum Erfolg" geht es darum, all diese vergessenen oder zurückgewiesenen Aspekte deines Ichs zu integrieren, damit du ganz und gar mit der Zukunft einverstanden bist, die du manifestierst.

Themen

WIE IN MEINER Geschichte über die Signierveranstaltung können auch deine Träume tiefliegende Wunden offenlegen. Beispielsweise:

- Das Gefühl, wertlos zu sein oder etwas nicht verdient zu haben.
- Das Gefühl, sozial unbeholfen oder falsch zu sein.
- Bemühungen / Anstrengungen
- Nicht gehört zu werden

· · ·

WAS IMMER ES SEIN MAG, betrachte es mit Mitgefühl für dich selbst. Erkenne, dass dieser Traum ein Geschenk birgt, das dir zeigen kann, welche Teile und Aspekte deines Ichs ein bisschen Liebe oder Integration gebrauchen könnten.

Frage dich: An welchen anderen Stellen oder Situationen in meinem Leben empfinde ich so? Und nicht vergessen: *Wie innen, so außen.* Wenn du von einer Sache träumst, dann, weil deine Energie mit diesem Gefühl im Einklang ist. Irgendwo in deinem Leben verkörpert dein Selbstbild diese Themen. Vielleicht hast du davon geträumt, zu deinem Abschlussexamen zu spät zu kommen. Und obwohl es über zwanzig Jahre her ist, seit du auf der Uni warst, passt dieses Gefühl zu deiner derzeitigen Angst vor der nächsten Deadline deines Projekts.

Stell dir in dem Fall einfach diese Frage: **Wann habe ich zum ersten Mal so empfunden? Wie alt war ich? Was ist damals passiert?**

Oftmals übernehmen wir tief verwurzelte Glaubenssätze und Selbstbilder aus traumatischen Erlebnissen in unserer Kindheit.

Mein Gefühl, sozial unbeholfen und unsichtbar zu sein, stammt beispielsweise aus dem Gefühl, in der Mittelstufe keine Freund*innen zu haben. Jedes Mal, wenn ich mir die Frage stelle: „Wann habe ich mich früher schon so gefühlt?", steigt eine Erinnerung in mir auf, wie ich voller Scham und einer vollgebluteten, weißen Bluse vor der Schule stehe. In meiner Erinnerung würdigt mich niemand eines Blickes.

Vermutlich habe ich meine Unsichtbarkeit in einer Menschenmenge manifestiert, weil ich in diesem Augenblick so blamiert war. Doch diese Erinnerung hat auch mit einem

Gefühl der Verletzung zu tun, weil niemand mitbekommen hatte, dass ich gerade von einem Jungen eine Frisbeescheibe ins Gesicht bekommen hatte. Es kümmerte niemanden, dass meine Nase blutete und meine weiße Bluse vollkommen ruinierte. Und ich musste noch den ganzen Tag mit diesem schrecklichen, peinlichen Blutfleck im Unterricht sitzen.

Wie du siehst, sind wir sehr mächtige Manifestierer*innen. Dieser beschützende Teil in mir, der mich davor bewahrt hat, zukünftig wieder blamiert zu werden, hat auch dafür gesorgt, dass ich in all den Jahren seit dem Frisbee-Zwischenfall unsichtbar war! Gleichzeitig war ein anderer Teil in mir, der Teil, der sich nach Aufmerksamkeit gesehnt *hat*, jahrelang beleidigt.

Der nächste Schritt ist es, eine Unterhaltung mit diesem Ich aus deiner Erinnerung zu führen. Zeige ihm, dass du nicht länger in der Situation bist, in der du dich damals befunden hast. Du brauchst diesen Schutz nicht länger.

Kontaktiere dein jüngeres Ich und führe mit ihm eine vertrauliche Unterhaltung. Ich habe mich oft mit meinem jüngeren Ich an einem Ort getroffen, den ich gern als „Nichts" bezeichne. Ich stelle mir einen weißen Fußboden vor und absolut nichts drumherum. (Wie der Ort, an den Eleven in *Stranger Things* geht, nur nicht so feucht und dunkel und furchteinflößend!) Oder ich stelle mir vor, wie ich auf dem Gipfel eines Kristallbergs sitze und mein junges Ich dorthin bitte, um mich mit ihm zu unterhalten.

Betrachte zusammen mit deinem jüngeren Ich eine Szene aus deiner Vergangenheit und achte auf deine Perspektive und die deines jüngeren Ichs.

Es kann helfen, diesen Teil deines Ichs von dir abzutrennen. Vielleicht stellst du ihn dir als Jungen oder Mädchen vor, die vollkommen anders aussehen als du. Wenn du blond bist, dann hat er oder sie braune Haare. Wenn du perfekte Sehkraft hast, dann trägt er oder sie eine dicke Brille. Dann stell dir dieses Kind als Schauspieler*in in der Situation vor, die du betrachten willst. Würdest du ihm die Schuld an dem geben, was falsch gelaufen ist? Oder würdest du sagen: „O nein, du bist ein süßer Fratz, der es so gut gemacht hat, wie er es für sein Alter kann"? Du würdest das Kind in eine feste Umarmung ziehen und mit allem Mitgefühl bedenken, das du in deinem Herzen trägst.

Nur zu, mach diese Übung direkt jetzt. Tausche dein jüngeres Ich mit jemandem aus, der oder die vollkommen anders aussieht, um etwas Abstand zu gewinnen, und dann betrachte die Situation so, wie es ein wohlwollender Außenstehender tun würde. Wenn diese neue Person dein Kind wäre, würdest du dann noch glauben, es wäre schlecht oder würde alles falsch machen?

Lasse anschließend die komplette Erinnerung und die damit verbundenen unangenehmen Gefühle los, indem du das Bild sich in bunte Funken deiner Lieblingsfarbe auflösen lässt.

IN MEINEM BEISPIEL könnte ich mein Mittelstufen-Ich an der Hand nehmen und ihr zeigen, wer ich heute bin – eine erfolgreiche Autorin mit einem wundervollen Freundeskreis und großartigen Kindern. Ich könnte ihr sagen: „Schau, ich bin nicht länger unbeholfen in sozialen Situationen. Ich bin erwachsen. Andere Leute unterhalten sich tatsächlich gern mit mir. Ich habe echte Freunde. Wenn ich heutzutage meine Bluse vollblute, dann würde ich darüber lachen und sagen, ‚Tja, zu dumm, wie peinlich‘, aber ich würde mich nicht mehr verstecken" Ich könnte ihr sagen: „Renee, du warst damals schon perfekt. Erkennst du, dass die Jungs, die Frisbee gespielt haben, nichts Böses im Sinn hatten? Ja, sie haben sich nicht entschuldigt, denn sie waren genauso unbeholfene Kinder wie du, die nicht das Gefühl bekommen wollten, etwas falsch gemacht zu haben. Ich weiß, du hattest das Gefühl, als hättest *du* in dieser Situation etwas falsch gemacht. Als wäre allein deine Existenz fehlerhaft oder du hättest falsch reagiert. Oder vielleicht war es sogar falsch, zu leben und zu atmen, als dieses Frisbee geworfen wurde. Aber du warst nicht fehlerhaft. Ganz und gar nicht."

DER AVATAR VERWANDELT sich zurück in dein jüngeres Ich. Geh hinüber zu ihr oder ihm. Stelle dir vor, wie ihr beide auf einem leeren Fußboden inmitten des Nichts steht. Hebe dein jüngeres Ich in die Arme, schenke ihm Liebe und dann nimm es wieder in dir auf.

Integriere diese Erfahrung für eine Weile.

Dann spüre dem Gefühl der Macht, der Vollkommenheit, der Vollständigkeit nach, nachdem du diesen verwundeten Teil deines Ichs zurück in dein Sein integriert hast. Gibt es ein wildes Tier oder eine mythische Kreatur, die du mit dem Loslassen und Heilen dieser Erfahrung assoziierst? Einen Geruch? Nutze diese Hinweise als Anker, wenn dieses Gefühl der Unzulänglichkeit erneut auftaucht.

Ich könnte meinem zwölfjährigen Ich eine feste Umarmung schenken und ihr sagen, dass sie in Sicherheit ist. Wir sind alle erwachsen. Wir müssen nie wieder so empfinden. Ich kann ihr sagen: „Danke, dass du versuchst, mich vor peinlichen Situationen zu beschützen, indem du mich unsichtbar machst. Danke, dass du mich auf Distanz zu anderen Menschen gehalten hast, damit ich nicht verletzt werde. Aber das brauche ich nicht länger." Wenn ich sie in meine Vollkommenheit zurückintegriere, sehe ich ein weiches Magenta. Das Krafttier, anhand dessen ich mich erinnere, dass ich erwachsen bin und diese Erinnerung losgelassen habe, ist ein Falke. Der Geruch eine Meeresbrise.

Wenn du dich daran erinnerst, dass dein Gehirn nur versucht hat, dich zu beschützen, dann wirst du auch erkennen, dass diese Schutzmaßnahmen ein kleines Update gebrauchen können.

Je mehr Mitgefühl du in diese Unterhaltung tragen kannst, umso mehr kannst du aus dem Gefühl ausbrechen, dich falsch, nicht bereit, nicht angemessen, verängstigt oder misshandelt zu fühlen. Egal welches Gefühl es sein mag, das du nicht länger in deinen Träumen empfinden möchtest.

ALS ICH ANFING, mit meiner Traumzeit zu experimentieren, um zu manifestieren, war eins der Bilder, von dem ich träumen wollte, wie ich auf der Bühne eines vollen Stadions stand. Für mich stand dieses Bild dafür, Tausende von Menschen mit meinen Büchern und meinem Coaching zu erreichen.

Ich schaffte es auch, von diesem Stadion zu träumen ... sozusagen. Doch anstatt vor der Menschenmenge zu stehen, *war ich die Hausmeisterin, die unter den Sitzen den Müll zusammenfegte, während das Publikum jemand anderem zujubelte und mit den Füßen trampelte!*

Okay, es war eine erste Annäherung. Nichts für ungut. Ich klopfte mir selbst auf die Schulter dafür, überhaupt von einem Stadion geträumt zu haben. Doch dieser Traum zeigte mir sehr deutlich, dass ich noch immer limitierende Glaubenssätze darüber hegte, wo ich hingehörte. Wie beim

Traum über die Hindernis-Leseveranstaltung war das Thema auch hier, dass ich mich klein und unwichtig fühlte. Ich sah mich nicht auf der Bühne oder mitten auf dem Spielfeld. Ich war so weit davon entfernt, wie nur irgend möglich, ohne das Stadion ganz verlassen zu müssen!

Süß. Total süß.

In diesem Fall wäre es hilfreich, mit dem Teil meines Ichs zu arbeiten, der sich klein und unwichtig fühlt. Luzid zu träumen, könnte ebenfalls helfen. Beispielsweise könnte ich luzid werden, wenn ich unter den Sitzreihen Müll zusammenfege, und dieses Szenario ändern. In diesem Augenblick habe ich es nicht geschafft, klar zu träumen, allerdings habe ich immer wieder Träume, in denen ich ein gefeierter Gast bei der Emmy-Verleihung bin, bei der Grammy-Verleihung auf der Bühne stehe oder Leute mir zujubeln, wenn ich einen Raum betrete. All diese Träume zeigen mir, dass mein Unterbewusstsein sich an die Vorstellung gewöhnt, dass ich eine größere Nummer als die Hausmeisterin mit dem Besen werden könnte.

MENSCHEN

WENN CARL JUNG recht hatte und alle Figuren in unseren Träumen Aspekte unseres gespaltenen Ichs sind, dann beinhaltet das auch die Teile von dir, die du nicht sein willst oder zurzeit nicht zulässt. Bedeutet das, dass dein Ex, der im Traum auftaucht, in Wirklichkeit du bist?

Über diese Frage habe ich viel nachgegrübelt.

Auf einer Metaebene, ja, schätze ich. Denn dein Ex repräsentiert möglicherweise einen bisher noch nicht akzeptierten Teil von dir. Zum Beispiel fühlte ich mich von dominanten Männern angezogen, weil ich mich weigerte, selbst dominant zu sein. Vielleicht steht dein Ex auch für einen zurückgewiesenen Teil deines Ichs. Du hast deinen Ex zurückgewiesen – aber wofür steht er, was du an dir selbst zurückweist?

Manchmal sind die Menschen in deinen Träumen auch nur Platzhalter. Sie repräsentieren eine bestimmte energetische Präsenz in deinem Leben – wie die Rektorin, die in meinem Traum für Autorität stand (aber in Wirklichkeit mein Höheres Ich war, das mir die Antwort schickte, nach der ich gesucht hatte).

Bevor ich lernte, meine Verärgerung oder meine Wut auszudrücken und angemessene Grenzen zu setzen, tauchte mein Traum-Ich oft als eine zornige Teenagerin auf. Sie schrie die anderen Menschen in meinen Träumen an, trampelte mit den Füßen und trat ihnen sogar gegen die Schienbeine. Ich taufte sie die „Wutschnauberin".

Damals hasste ich diese Traumszenarien, denn zu dieser Zeit war es in meiner Realität vollkommen unangebracht, Verärgerung auszudrücken. Von mir wurde erwartet, stets gut gelaunt und freundlich zu sein. Oder zumindest diplomatisch. Diese Teenagerin hingegen war nichts von alldem, also fuhr ich damit fort, sie zurückzuweisen. Offensichtlich zeigte sie mir einen Aspekt meines Ichs, den ich bisher weder ausdrückte noch anerkennen wollte oder konnte, denn in meiner Vorstellung fehlte ihr die nötige Anmut und Reife.

Wenn ich zur Akupunktur oder einer Shiatsu-Massage ging, wurde mir jedes Mal gesagt, meine Leber sei träge. Die Leber steht für Wut. Diese Diagnosen verblüfften mich. Ich hielt mich nicht für eine wütende Person. *Ich war das absolute Gegenteil einer wütenden Person!* Doch je mehr ich diesen Teil von mir zurückwies, umso mehr litt mein Körper darunter, bis ich schließlich eine Autoimmunkrankheit entwickelte.

Erst, als ich eine Form von Energie-Arbeit unternahm, die meine Energie radikal bereinigte, erkannte ich, wie herrlich anders es sich anfühlte, ohne diese permanent schäumende Wut unter der Oberfläche zu leben. Die wutschnaubende Teenagerin verschwand aus meinen Träumen und ich litt nur noch selten unter den Auswirkungen meiner Autoimmunkrankheit.

Die zerbrochenen Teile deines Ichs anzuerkennen und zu heilen, ist nicht nur für unsere körperliche Gesundheit ausschlaggebend, sondern auch, um mit Überschallgeschwindigkeit manifestieren zu können.

Bewusstsein ist der erste und wichtigste Schritt, wenn wir diese zerbrochenen Teile zurückerobern und heilen wollen. Anstatt unsere Schattenseiten zurückzuweisen – die Teile, die wir leugnen oder von denen wir wünschten, sie wären nicht da – müssen wir sie in uns aufnehmen und einbinden.

Dieser Prozess ist ähnlich wie der, bei dem wir mit einer verletzenden Erinnerung gearbeitet haben.

Schau dir die anderen Figuren in deinen Träumen an und frag dich: *Inwiefern ist das ein nicht akzeptierter Teil meines Ichs?*

In meinem Traum, in dem mir die Rektorin sagte, es wäre an der Zeit, die Scheidung einzureichen, stand sie für den ignorierten Teil meines Ichs, der die Antwort auf mein Dilemma längst kannte. Im Traum über meine Signierstunde waren die anderen Autor*innen, die mich ignorierten, der Teil in mir, der glaubte, ich sei unwichtig und nicht wert, auf einer Leseveranstaltung zu sprechen.

Sobald du erkennst, dass all diese Figuren tatsächlich du selbst sind, wird es einfach, den Traum zu deuten.

Wenn dich eine Person in deinem Traum kritisiert, dann weißt du nun, dass es ein Teil in dir selbst ist, der dich verurteilt.

Wenn du in deinen Träumen bestohlen wirst, dann überlege, wo du dich womöglich selbst bestiehlst – sei es Geld, Zufriedenheit oder Zeit. Wo befürchtest du, bestohlen zu werden? Könntest du diesen Teil deines Ichs heilen, damit er nicht länger dein Energiefeld blockiert?

Der Heilungsprozess funktioniert genauso. Du könntest die gleichen Fragen stellen, um bei einer Erinnerung an dein jüngeres Ich anzukommen, das zerbrochen ist, oder dich einfach mit dieser Traumfigur unterhalten.

Eine Traumfigur heilen

1. Rufe sie auf die weiße Fläche im Nichts oder auf den Gipfel des Kristallbergs, um dich mit ihr zu unterhalten.
2. Erkenne, dass sie ein Teil von dir ist.
3. Wenn es nicht klar ist, dann frage sie: „Was willst du mir zeigen?"
4. Wenn du auf diese Frage keine Antwort bekommst, dann vertraue darauf, dass sie beizeiten kommen wird. Die Frage zu stellen, öffnet die Tür, durch die die Antwort schließlich hindurchtreten wird.
5. Sage der Figur, dass du die Lektion verstanden hast.
6. Erkenne die Geschenke an, die sie dir mitbringt.
7. Danke ihr für das, was sie dir in deinen Träumen zeigt.

. . .

ALS ICH MIT MEINER „WUTSCHNAUBERIN" arbeitete, wollte sie ganz sicher nicht umarmt oder verhätschelt werden. Sie sagte, dass sie wütend und ausfällig sein musste, weil ich mich nicht gegen andere verteidigte. Sie versuchte, mich davor zu bewahren, ein Fußabtreter zu sein. Ich erklärte ihr, dass sie recht hatte, dass ich aber nicht länger eine Jasagerin sein wollte. Ich würde den Leuten sagen, wenn ich wütend war, und entsprechende Grenzen setzen. Ich fragte sie, ob sie mich bei anderen Projekten unterstützen könnte, und bemerkte, wie sie ihre aggressiven Tendenzen dafür einsetzte, meine Bücher mit Nachdruck zu bewerben und einen Filmdeal für mich herauszuschlagen. Zu behaupten, ich wäre begeistert über diese Entwicklung, ist eine Untertreibung. Mein ganzes Leben lang habe ich versucht, die Wutschnauberin zu unterdrücken, weil eine zornige Frau in unserer Kultur als unangebracht gilt. Brave Mädchen werden nicht wütend. Abgesehen davon hielt mein spirituelles Ich Zorn für eine niedere Vibration, die nicht die Dinge erschaffen würde, die ich zu manifestieren hoffte. Ironischerweise bremste ich mein eigenes kreatives Potenzial und meine kreative Macht aus, indem ich diese Seite in mir abwies.

SCHAUPLÄTZE

IN DER BELLETRISTIK betrachten wir den Schauplatz als eine weitere Figur der Geschichte.

Und genauso ist es mit deinem Traumreich.

Du kannst den Schauplatz deines Traums als eine

weitere Figur sehen, als einen weiteren Teil deines Ichs. Was versucht er, dir zu sagen oder zu zeigen? Wurde an diesem Ort Schaden angerichtet? Was bedeutete dieser Ort für dich?

In meinem Fall ist das Thema des Schauplatzes Unordnung. Also muss ich mich fragen: „Welche Erkenntnis ermöglicht mir diese Unordnung über mein Leben?"

Ich vermute, dass es mit der Unordnung in meinem Kopf zu tun hat.

Ich bin eine dieser Personen, die zu jedem Zeitpunkt etwa vierundzwanzig offene Tabs im Browserfenster hat. Mein Haus ist nicht so organisiert und ordentlich, wie ich es gern hätte, auch wenn ich mittlerweile eine Organisatorin angeheuert habe, um die Sache für mich in die Hand zu nehmen.

Trotzdem ist das offensichtlich noch lange nicht genug. Also muss ich mich fragen: „Wo kann ich um mehr Raum bitten? Wo kann ich dunkle Ecken erhellen und meine Umgebung (innerlich wie äußerlich) so gestalten, dass sie heilsamer für mich ist? Einladender?"

Deshalb ist es so wichtig, mit dem luziden Träumen zu experimentieren. Klarer zu werden und Unordnung mit einem Fingerzeig aufzuräumen, kann auch in meinem täglichen Leben für mehr Raum und Ordnung sorgen.

Mittlerweile träume ich zunehmend von weitläufigeren Schauplätzen. Die Zimmer sind größer, die Decken höher, und auch wenn noch immer ein wenig Chaos und Unordnung herrscht, ist es schon viel besser als je zuvor.

Versuche, auf die gleiche Weise mit den Schauplätzen deiner Träume zu arbeiten, wie du es mit den Themen oder Figuren getan hast. Sprich den Schauplatz an, als wäre er eine Figur.

Du kannst in diesem Prozess so kreativ sein, wie du

willst. Du besitzt die Weisheit, zu entscheiden, was du brauchst. Solltest du eine Anleitung brauchen, dann könnten einfachen Schritte, um mit einem zerbrochenen Teil deins Ichs zu arbeiten, so aussehen:

Mit einem zerbrochenen **Teil deines Ichs arbeiten**

1. Rufe die Figur (oder den Schauplatz) aus deinem Traum (dein zerbrochenes Ich) in Gedanken empor. Wo fühlst du, dass sie in deinem Körper wohnt? Spürst du zum Beispiel ein Gefühl der Enge in deiner Brust, wenn du an sie denkst?
2. Bitte sie, dich auf dem weißen Fußboden im Nichts zu treffen.
3. Tritt ihr entgegen und sehe sie an, als ob sie einer deiner Teamkamerad*innen wäre. Diese Figur ist kein Gegenspieler, den du beseitigen oder gegen den du ankämpfen musst. Sie taucht auf, um dir zu helfen und dir das zu schenken, wovon sie glaubt, dass du es brauchst, um in Sicherheit zu sein und zu überleben.
4. Frage sie, welche Geschenke sie dir geben will. Auf welche Weise versucht sie, dich zu beschützen?
5. Danke ihr für dieses Geschenk.
6. Wenn das Geschenk unerwünscht sein sollte (wie in meinem Fall, als mich mein jüngeres Ich unsichtbar machen wollte), dann erkläre ihr, dass du diese Art des Schutzes nicht länger brauchst. Du weißt ihre Hilfe zu schätzen, aber du kommst ab jetzt allein klar.

7. Frage sie, ob sie einen neuen Weg finden kann, um an deiner Seite zu stehen und dich zu unterstützen.

8. Wenn du das Gefühl bekommst, dass sie zugestimmt hat, stell dir vor, wie diese Figur in deinen Körper tritt und sich in der Macht deines Ichs auflöst. Du nimmst sie in dich auf und wirst dadurch stärker. Achte darauf, ob sich das ursprüngliche Gefühl in deinem Körper ändert.

Mit deinem jüngeren **Ich arbeiten**

1. Stelle die Frage: „Wie alt war ich, als ich diese Erfahrung das erste Mal gemacht habe?" Kommt dir ein bestimmtes Ereignis in den Sinn? Wenn dir nichts Konkretes einfällt, kannst du dir auch ein Szenario ausdenken. Für mich persönlich sticht diese Nasenbluten-in-der-Mittelstufe-Geschichte heraus, aber im Grunde steht sie nur stellvertretend für die gesamten drei Jahre, in denen ich keine Freund*innen hatte und mich wie eine Ausgestoßene gefühlt habe.

2. Rufe dein Ich aus dieser Erinnerung zu dir auf die weiße Fläche im Nichts.

3. Richte dich an dieses Ich und achte dabei darauf, es voller Mitgefühl zu betrachten.

4. Wenn es dir schwerfällt, es mit Mitgefühl zu betrachten, dann verändere es in einen anderen Avatar.

5. Schaue dir einmal mehr die Erinnerung oder die ausgedachte Szene an, diesmal mit Mitgefühl. Zeige Sympathie für dein jüngeres Ich und was es durchgemacht hat. Erkenne, dass das, was vorgefallen ist, nicht seine Schuld war. Es hat in dieser Situation getan, was es konnte.

6. Jetzt zeige deinem Ich aus der Erinnerung, dass die Entscheidungen, die es in diesem Moment getroffen hat, nicht länger stimmen (oder tatsächlich nie gestimmt haben). Zeige ihm, dass du erfolgreich, geliebt und fähig bist. Du brauchst das Selbstbild, das sie für dich entwickelt haben, nicht länger.

7. Lasse das Ich aus deiner Erinnerung wissen, dass es in Sicherheit ist. Es muss nie wieder in diese Zeit zurückkehren. Es kann mit dir in der Gegenwart leben. Frage es, was es von dir braucht.

8. Heb dein jüngeres Ich hoch und ziehe es in eine feste Umarmung (wenn es das möchte). Vielleicht will es einfach nur wahrgenommen, gehört und bestätigt werden. Nachdem du ihm gegeben hast, was es braucht, stelle dir vor, wie sich die Erinnerung in einem Funkeln auflöst. Welche Farbe hat das Funkeln? Alternativ könntest du die Erinnerung auch in eine lodernde Flamme werfen, um sie zu verbrennen. Welche Farbe hat die Flamme? Welchen Geruch würdest du mit dieser Szene verbinden?

9. Wenn du ein wildes Tier oder eine mythische Kreatur wählen würdest, die dein neues, integriertes Ich repräsentieren, welche wären das?

10. Nutze den Geruch und dein Krafttier als Anker,
    wenn dieses Gefühl jemals wieder auftaucht.
    Rufe dir dein Krafttier und den Geruch ins
    Gedächtnis und erinnere dich daran, dass du
    dein System aktualisiert und mit dir selbst im
    Einklang bist.

Unsere Träume verraten unsere Sehnsüchte und unsere innersten Verletzungen. Unsere Träume geben uns Hinweise darauf, wo sich unsere Blockaden befinden. Träume nach Themen und Inhalten zu durchforsten, gibt dir die Gelegenheit, zu heilen, dich zu verändern und zu entwickeln. Sobald du anfängst, auf Themen, Schauplätze und Figuren zu achten, wird alles, womit du im Augenblick kämpfst, was dich beschäftigt und worauf du hoffst, klarer. Luzide Träume können dir dabei helfen, zu erkennen, dass du in dieser Situation nicht machtlos bist.

Lisa Daily, eine Autorin und die Sachbuch-Coachin, die mir beim Schreiben dieses Buchs geholfen hat, fing an, genauer auf ihre Träume zu achten, um mit mir zusammen in dieses Thema einzutauchen. Ihr stand gerade eine große Veränderung in ihrem Leben bevor, und sie bemerkte, dass ihre Träume oft davon handelten, in Treibsand festzustecken oder an Bahnschienen oder einen Stuhl gefesselt zu sein. In jedem Szenario fand sich eine andere, lebensbedrohliche Falle.

Sie unternahm eine Reise, die mit dieser großen Veränderung zu tun hatte. Auf dieser Reise ging alles schief, was nur schiefgehen konnte. Doch obwohl sie das Gefühl bekam, keinerlei Kontrolle mehr zu haben, blieb sie positiv. Als erfahrene Manifestiererin sagte sie zu sich:

„Für mich klappt am Ende immer alles." Und eine Zeitlang stimmte das auch und alles ging am Ende gut. Ihr Flug hatte vier Stunden Verspätung, was dazu führte, dass sie ihren Anschlussflug verpasste, doch sie hielt an ihrem Mantra fest und rechnete mit dem Besten. Wie durch ein Wunder schaffte sie es auf die Standby-Liste eines anderen Flugs. Zum Ende der Reise hin jedoch kollabierten die guten Vibrationen völlig. Sie saß schließlich in Oklahoma City fest und musste die Nacht mit ihrem kranken Baby in einem Hotel verbringen. Ihr ursprüngliches Gefühl, keine Kontrolle zu haben, führte schließlich zu Ereignissen, über die sie tatsächlich keine Kontrolle mehr hatte.

Definitiv *nicht* ihre Vorstellung darüber, wie sich die Dinge entwickeln würden.

Später in dieser Woche träumte sie erneut davon, wie sie sich in Lebensgefahr befand. Diesmal war sie an einer Mauer festgebunden. Indem sie sich an dieses Buch erinnerte, konnte sie in ihrem Traum klar werden, und ihr Traum-Ich erkannte, dass sie den Ausgang der Geschichte ändern konnte. Als sie die Fesseln um ihren Körper genauer betrachtete, bemerkte sie, dass es Fesseln waren, wie sie die Liebenden in der Tarotkarte „Der Teufel" tragen – Ketten, die nur lose um ihre Hälse gelegt sind, Fesseln, die die Liebenden jederzeit problemlos ablegen könnten!

Als Lisa aufwachte, verstand sie die Bedeutung und die Botschaft ihres Traums. Für sie war diese Veränderung in ihrem Leben etwas, worin sie feststeckte, aber in Wirklichkeit hatte sie eine Wahl. Sie konnte ihre Fesseln augenblicklich ablegen und sich frei für oder gegen diese Veränderung entscheiden. Das Gefühl der Bedrohung und der Mangel an freiem Willen waren nichts weiter als eine Illusion.

Sobald sie das erkannt hatte, lichtete sich die Last auf

ihren Schultern. All ihre Energie strömte nun im Gleichklang damit, diese Veränderung herbeizuführen.

Ich glaube, es ist wichtig anzumerken, dass diese innere Arbeit und Erkenntnis über ihre Situation viel wichtiger war, als ihr Mantra „Für mich klappt am Ende immer alles." Deshalb ist der Prozess in diesem Buch mit Manifestation 2.0 gleichzustellen. Bewusste Gedankenmuster zu verändern, ist ein extrem mächtiges Werkzeug, das großartige Ergebnisse bewirken kann. Wenn wir allerdings nicht das manifestieren, wovon wir dachten, dass wir es uns wünschen, dann sind womöglich nicht alle Teile und Seiten in uns einverstanden mit diesem Wunsch.

Wir können unmöglich wissen, ob Lisas Reise besser gelaufen wäre, wenn sie ihren Traum früher gedeutet und die Botschaft ihres Unterbewusstseins oder Höheren Ichs früher erhalten hätte, aber ich schätze, das wäre der Fall gewesen. Ihr Konflikt und die Belastung der Situation haben sich vermutlich als nervenaufreibende Reise manifestiert, oder zumindest als die damit einhergehende emotionale Frustration.

Damit will ich natürlich nicht sagen, dass Reisen immer wie am Schnürchen laufen sollten und es deine Schuld ist, wenn etwas schiefläuft. Ganz und gar nicht. Aber manchmal ist da ein Teil in dir, der nicht mit dem Ergebnis einverstanden ist, das du dir vorstellst, obwohl du der Meinung bist, hundertprozentig hinter einer Manifestation zu stehen. Das sind die Manifestationen, die nicht entsprechend deiner Vision verlaufen.

Mit diesen nicht einverstandenen Teilen deines Ichs zu arbeiten, führt zu absoluter Freiheit. Denn sogar, wenn die Dinge nicht so laufen, wie du wolltest, wirst du in diesem Moment flexibel bleiben und mit allem umgehen können, was dir begegnet.

. . .

1. Fahre mit deinem Schlaf-Spa-Ritual fort

2. Experimentiere mit luziden Träumen und schreibe deine Träume morgens in dein *Entspannt zum Reichtum*-Tagebuch. Halte nach wiederkehrenden Themen Ausschau.

3. Übe eine der Methoden, die in diesem Abschnitt beschrieben wurden, um ein Traum-Ich zu heilen.

4. Fülle die untenstehende Aufforderung für Freies Schreiben über Traumthemen aus:

ÜBUNG: Freies Schreiben zu Traumthemen

SCHNAPP dir dein *Entspannt zum Reichtum*-Tagebuch und schreibe frei zu den folgenden Aufforderungen. Achte darauf, dein Bewusstsein / deinen inneren Kritiker auszuschalten. Lass die Antworten aus deinem Bauch herausfließen. Schreibe das Erste auf, was dir einfällt. Folge dem kreativen Faden und sei gespannt auf das, was dabei herauskommt.

1. Was bedeutet das Thema [wähle ein Thema aus deinen Träumen] für mich?

2. In welcher Hinsicht ist [Person aus deinen Träumen] ein Aspekt von mir selbst?
3. Was bedeutet der Schauplatz [Schauplatz aus deinen Träumen] für mich?

SOBALD DU DIESE THEMEN, Figuren und tieferen Bedeutungen deiner Träume genauer betrachtet hast, entscheide, ob es einen Teil in dir gibt, der darum bittet, gehört, anerkannt oder geheilt zu werden. Folge den vorgeschlagenen Schritten, um mit diesem Erinnerungs-Ich oder einem nicht anerkannten, zerbrochenen Teil von dir zu arbeiten und ihn zu heilen.

KAPITEL ELF

F inde durch dein Schlaf-Spa intuitive Antworten

Träume können eine mächtige Methode sein, um in andere Reiche zu blicken.

Nicht bei allen Träumen geht es darum, durch dein Unterbewusstsein Probleme zu bewältigen oder Erinnerungen zu festigen. Manchmal sind Träume auch Botschaften – deine Intuition, die zu einem Zeitpunkt und auf eine Art mit dir spricht, auf der du diese Information erhalten kannst.

Oftmals kannst du spüren, wie dir etwas gesagt oder gezeigt wird, anstatt dass dein Verstand nur begreift, aber manchmal tauchen diese Botschaften auf wie gewöhnliche Träume.

Diese Botschaften könnten aus einem Teil deines Unterbewusstseins stammen, den du nicht zulässt, von deinem

Höheren Ich, deinen spirituellen Führern, Engeln oder sogar von einem verstorbenen, geliebten Menschen.

In meiner Erfahrung habe ich direkt nach dem Aufwachen am einfachsten Zugang auf meine Intuition. Der Schleier zwischen Bewusstsein und Unterbewusstsein ist zur Seite gezogen. Deshalb mag ich es so gern, Morgenseiten oder Tagebuch zu schreiben, um Fragen zu stellen und Antworten zu bekommen.

Als ich anfing, mit luzidem Träumen zu experimentieren, hatte ich einen Traum, in dem mein Ex-Freund auftauchte. Ich nutzte einen Augenblick der Klarheit, um ihm eine schallende Ohrfeige zu geben. (Verurteile mich bitte nicht, das war die Wutschnauberin, die in diesem Augenblick die Führung übernahm!)

Doch im nächsten Moment veränderte sich die Szene. Ich hatte nicht länger die Kontrolle über den Traum. Mir wurde etwas gezeigt. Dieser Ex-Freund und ich standen auf einer großen Matte, wie in einem Karate-Dojo oder so. Wir kämpften mit schnellen Bewegungen miteinander, wanderten vor und zurück über die Matte, teilten Tritte und Schläge aus und blockierten Angriffe. Dann war der Kampf vorbei. Wir verbeugten uns voreinander und gingen in entgegengesetzte Richtungen davon.

Augenblicklich begriff ich die Botschaft.

Unsere Beziehung war eine Lernerfahrung für uns beide gewesen. Er hatte nichts falsch gemacht oder den Zorn meiner Ohrfeige verdient. Wir hatten gemeinsam entschieden, auf die Matte zu treten und die Kunst der Beziehung, der Liebe und der Sexualität zu lernen. Unsere Höheren Ichs hatten unser Zusammentreffen in diesem Leben arrangiert, damit jeder von uns wachsen und sich verändern konnte. In Wahrheit hatte ich von ihm also genau das bekommen, was ich gebraucht hatte. Der Schmerz der Trennung brachte mich dazu, meine Verliebtheit in ihn unter die Lupe zu nehmen, und ich erkannte, dass ich von seinen Charakterzügen angezogen war, die ich mir selbst nicht erlaubte (wie Dominanz, Arroganz, Selbstbewusstsein und die Fähigkeit, alle Energie in einem Raum auf mich zu ziehen). Das Ergebnis war, dass ich aufhörte, bei anderen nach diesen verbotenen Zügen zu suchen, sondern mich entschloss, sie in mir selbst zu finden. *Hallo, Wutschnauberin! Tut mir leid, dass ich dich unterdrückt habe.*

Der Traum zeigte mir, dass nichts an diesen Zügen falsch war. Genauso, wie ich nicht sauer auf einen Trainingspartner in einem Kampfkunststudio sein konnte, gab es keinen Grund, wütend oder verbittert über etwas zu sein, das meine Seele ausdrückte, damit ich persönlich wachsen konnte.

WIE MAN ANTWORTEN aus dem Traumreich erhält

DIE TRAUMZEIT IST ein einzigartiger und heiliger Ort, um Zugang zu Informationen über das zu bekommen, was sich für dich zurzeit öffnet und was bereit ist, geheilt zu werden. Du kannst deine innere Weisheit aufrufen, ebenso wie die Weisheit des Universums, ein kollektives Bewusstsein, deine spirituellen Führer oder verstorbene, geliebte Menschen.

Während du in den Schlaf sinkst, hast du Zugang zur Ewigkeit – ein zeitloser Ort, eine kinetische Leere mit dem kreativen Potenzial, alles zu erschaffen, was du brauchst. In diesem Traumreich zu arbeiten, kann ebenso ergiebig sein, wie mit deinem Bewusstsein zu arbeiten – vielleicht sogar noch ergiebiger.

Ich bin mir sicher, du oder ein*e Bekannte*r von dir hat

schon mindestens einmal von etwas geträumt, bevor es eingetreten ist.

Vor ein paar Jahren hatte ich einen Traum über Jane, eine befreundete Autorin. In meinem Traum waren wir auf der NINC-Konferenz (Novelists, Inc.). Zu der Zeit dachten wir beide darüber nach, dort hinzufahren. Nur, dass Jane in meinem Traum im neunten Monat schwanger war. Das war seltsam, denn sie hatte bereits vier Kinder und hatte – dachte ich zumindest – diesen Lebensabschnitt hinter sich gelassen.

Am nächsten Tag schrieb ich ihr und erzählte von meinem Traum, den ich so deutete, dass er für das kreative Projekt stand, mit dem sie gerade schwanger ging. Doch ein paar Wochen später rief sie mich an und erzählte mir, dass mein Traum eine Vorahnung gewesen sei – sie war tatsächlich schwanger. Und noch viel erstaunlicher war die Tatsache, dass ihr Entbindungsdatum in den ungefähren Zeitraum der NINC-Konferenz fiel (die sie letztlich natürlich nicht besuchte).

Mach dir bewusst, dass diese kreative Quelle der Träume da ist, damit du hineintauchst. In deinen Träumen kannst du all die unendlichen Möglichkeiten erforschen, die ganz einzigartig für dich sind. Nur du weißt, was diese Möglichkeiten sind. Du kannst deine Traumzeit bewusst nutzen, um Fragen zu beantworten, die du durchkaust, oder intuitive Informationen anzuzapfen.

Die einfachste Methode dafür ist es, vor dem Schlafengehen in dein *Entspannt zum Reichtum*-Tagebuch zu schreiben. Liste alle Fragen auf, auf die du gern Antworten hättest, oder schreibe über das Problem oder die Person, über die du mehr Informationen haben möchtest. Das können einfache Fragen sein wie: „Was ist der nächste Schritt in dem Projekt, an dem ich arbeite?" oder „Was ist das Wichtigste, worauf ich mich morgen konzentrieren soll?" Es könnten aber auch größere, lebensverändernde Fragen sein. Beispielsweise: „Soll ich mich für diesen medizinischen Eingriff entscheiden?", oder „Ist es Zeit, einen Schlussstrich unter diese Beziehung zu ziehen?"

Genauso, wie du nachts an der Intention festhältst, dich an deine Träume zu erinnern oder luzid zu träumen, wirst du dich nun daran erinnern, nach Antworten auf deine Fragen zu suchen. Das wird dafür sorgen, dass der betroffene Teil deines Gehirns wachsam für die Symbole und Bilder ist, die möglicherweise Botschaften deines Unterbewusstseins sind.

Überlege dir vor dem Schlafengehen eine Frage, auf die du gern eine Antwort hättest. Du wirst bemerken, dass deine Träume lebhafter und realistischer werden. Womöglich gibt es sogar einen Moment, an dem du erkennst, dass dein Höheres Ich dir etwas zeigt oder sagt.

SEI OFFEN für Nachrichten aus dem Jenseits

MEINE FREUNDIN SIMONE ist Quantenschamanin und Heilerin. Sie hatte einen Traum, in dem ihr verstorbener Vater erschien. Im Traum war er unglaublich erfreut, sich mit ihr zu unterhalten. Er war voller Ermutigung für sie und wollte sie unbedingt unterstützen.

Im Traum gab Simones intuitives Ich ihr den Wink, ihrer Mom von diesem Traum zu erzählen, sobald sie aufwachte. Ihr Dad wurde daraufhin aufgeregter, als wollte er ebenfalls, dass sie ihrer Mutter davon erzählte. Er sagte Simone, dass er dort, wo er jetzt war, ein neues Haus für ihre Mom baue.

Als Simone aufwachte, erinnerte sie sich nicht mehr in allen Einzelheiten an den Traum, aber weil ihr Höheres Ich ihr gesagt hatte, sie solle ihrer Mom unbedingt davon erzählen, rief sie ihre Mutter an. Und ihre Mom erzählte ihr, dass sie in der Nacht zuvor auch von Simones Vater geträumt hätte. Auch im Traum ihrer Mom planten Simones Eltern, zusammen ein neues Haus zu bauen – sie saßen buchstäblich am Schreibtisch in ihrem Schlafzimmer und machten Listen mit allen Details, was für ihre Mom keinen Sinn ergab. Es war auch deshalb auffällig, weil dieser Tag ihr Hochzeitstag war.

Simone rührte diese Tatsache zu Tränen. Ihr Vater hatte sie eindeutig besucht, um am Hochzeitstag mit seiner Geliebten in Kontakt zu treten und ihr eine Botschaft der Liebe sowie ein Versprechen auf eine gemeinsame Zukunft nach dem Tod zu schicken.

Die Fotografin Liz Sisco, eine Freundin von mir, die auch an meinem *Schreib dich reich*-Kurs teilgenommen hatte, meldete sich irgendwann zu meinem „Schlafe dich zum Erfolg"-Minikurs an. Ihr Kater Joey war seit ein paar Wochen verschwunden. Liz versuchte, eine intuitive Antwort darauf zu bekommen, ob er noch lebte.

Am zweiten Tag des Programms schrieb sie mir eine Nachricht. „Beim Schlummern zwischen meinem ersten und zweiten Wecker kam Joey zu mir. Er saß in der Dunkelheit auf unserer Treppe und hat zu mir hochgesehen. Ich erinnere mich nicht an meine Träume, aber er hat mich besucht."

An diesem Abend bekam sie den Anruf, dass Joey sich in kritischem Zustand im Tierheim der San Diego Humane Society befand und eingeschläfert werden sollte.

Liz erzählt: „Wir sind sofort zum Tierheim gefahren. Sie hatten schon geschlossen, aber wir haben den letzten Mitarbeiter erwischt, bevor er Feierabend machte. Der Mitarbeiter hinterließ eine Notiz in Joeys Akte, dass er nicht eingeschläfert werden sollte. Er erzählte, dass Joey sehr dünn sei und ein Krebsgeschwür an seinem Gesicht hätte. Im Tierheim hatten sie ihm Morphium verabreicht, damit er zur Ruhe kam. Ich bin mir nicht sicher, wer von uns der mächtigere Manifestierer ist, Joey oder ich. Ist auch egal, ich bin einfach so glücklich, ihn wiederzusehen. Danke, dass du einen Ort geschaffen hast, an dem wir mit unseren Träumen experimentieren und sie wahr werden lassen können.“

DIE AUTORIN AMY ALESSA hat ebenfalls an meiner „Schlafe dich zum Erfolg“-Challenge teilgenommen. Anschließend sagte sie zu mir: „So viele meiner Träume handelten von meinem verstorbenen Ehemann und meinen Eltern.“

In einem dieser Träume waren ihr Mann Kyle und sie auf einer Spendenveranstaltung für eine Bibliothek. (Amy arbeitete in einer Bibliothek und bot seit fünfundzwanzig Jahren Wahlkurse in Schulbibliotheken an). „Wir konnten meine Handtasche nicht finden. Ich hielt Kyles Hand fest, während wir überall danach suchten, und wollte die Verbindung nicht abbrechen lassen. Wir mussten los zu einer Party bei meinen Eltern, und irgendwann gestand eine meiner Kolleginnen aus der Bibliothek, dass sie die Handtasche versteckt hatte, damit ich zurück zur Arbeit in der Bibliothek kommen würde. Ich hatte im vergangenen Mai aufgehört, zu unterrichten, und hatte schon seit mehreren Jahren nicht mehr in der Bibliothek gearbeitet. Kyle und ich eilten zum Haus meiner Eltern, dem Haus, in dem ich aufgewachsen bin, gerade rechtzeitig zur Party. Ich dachte, die Party wäre für den fünfzigsten Geburtstag meines Dads, was eine schöne Erinnerung ist, die mittlerweile viele Jahre zurückliegt."

Sie fuhr fort: „Aber aus irgendeinem Grund war es eine Party für mich, auf der die Promis aus *Dancing With the Stars* auftraten und sich mit mir unterhielten. Meine Eltern wollten, dass ich mich amüsierte, genauso wie Kyle. Ich fühlte mich geliebt und unterstützt, und da war auch das Gefühl, als ob etwas Spannendes auf mich wartete, eine Überraschung oder etwas in der Art. Ich hatte mehrere Träume, wie ich eine Party plane, sowie über meine verstorbenen Liebsten, was mich und meine Söhne während der gesamten ‚Schlafe dich zum Erfolg'-Challenge sehr unterstützt hat. Das Thema, nach vorn zu schauen und abzuschließen, kam in den Träumen immer wieder sehr stark hoch. Es waren die besten Träume, die ich hatte, seit Kyle und meine Mutter 2021 gestorben sind."

WENN DU NACH einer Botschaft von einem verstorbenen geliebten Menschen suchst, dann kann dein Schlaf-Spa ein wundervoller Ort sein, um mit ihnen in Verbindung zu treten. Der Prozess ist immer derselbe – formuliere einfach die Intention, eine Botschaft zu erhalten oder von ihnen zu träumen, und beobachte, was passiert.

NUTZE DEIN SCHLAF-SPA für deine Intention

1. Schreibe vor dem Einschlafen eine Frage in dein Tagebuch, für die du dir die Antwort wünschst,

oder den Namen einer Person, von der du gern träumen willst.

2. Nutze eine beliebige Meditation, um einzuschlafen.

3. Erinnere dich an die Frage, wann immer du während der Nacht wach(er) wirst.

4. Überprüfe direkt nach dem Aufwachen deine Erinnerungen auf Träume und ihre Inhalte, um zu sehen, was hochkam.

5. Wenn du die Antwort nicht findest, wiederhole diesen Prozess für ein paar Tage, vielleicht fünf, und dann lasse ihn in dem Wissen los, dass es keimt. Die Antwort kommt möglicherweise durch einen Traum oder auch durch eine andere Quelle, aber du hast die Bitte formuliert, also wird sie beantwortet werden.

KAPITEL ZWÖLF

 utze dein Schlaf-Spa zum Heilen

KÖRPERLICHE SCHMERZEN oder Krankheiten heilen

DU KANNST dein Schlaf-Spa auch zur körperlichen Heilung nutzen.

Es kommt so oft vor, dass Schmerz uns dazu bringt, uns von unseren Körpern zu dissoziieren. Je mehr Schmerzen und Unwohlsein wir empfinden, umso mehr wollen wir unseren Körper verlassen und nichts mehr fühlen. Aber wie mit den zerbrochenen Teilen unseres Ichs, wollen wir auch hier alle Körperteile einbeziehen – insbesondere die Teile unseres Körpers, die sich so lauthals zu Wort melden.

Manchmal ist Schmerz die Methode deines Körpers, deine Aufmerksamkeit auf sich zu ziehen. Vielleicht gibt es etwas in deinem Unterbewusstsein, das geklärt werden muss, wie meine nicht anerkannte und ausgedrückte Wut, die sich zu einer trägen Leber und schließlich in eine Autoimmunkrankheit entwickelte.

Wenn du dich noch nicht mit den Metaphern hinter Schmerz und Krankheiten beschäftigt hast, dann kann ich dir Louise Hays Buch *Heile deinen Körper. Seelisch-geistige Gründe für körperliche Krankheit* oder Inna Segals *Die verborgene Sprache des Körpers. Was Krankheiten und Symptome uns verraten* als Referenzwerk empfehlen. Du kannst in beiden Büchern bestimmte Beschwerden nachschlagen und die zugrundeliegende Botschaft oder Energieursache herausfinden. Laut Segal hängen Schmerzen in deinem rechten Knie beispielsweise mit „Schwierigkeiten, in deiner Karriere Fortschritte zu machen, limitierenden Glaubenssätzen und Versagensangst zusammen." Ihr Lösungsvorschlag ist: „Frage dich: ‚Wo in meinem Leben bin ich unflexibel?'"

Verbinde dich mit deinem Körper

Wenn du dieses Buch liest, weiß ich, dass du bereits auf den Gesetz-der-Anziehung-Zug aufgesprungen bist. Du weißt mit Sicherheit, dass du allein mit deiner Intention Geld, Magie und Wunder erschaffen kannst. Der einfache Akt, die Intentionen zu formulieren, etwas möge heilen (ohne, dass du wissen musst, wie es geheilt wird oder die Kontrolle darüber zu haben), ist bereits mächtig.

Bevor du die Intention formulierst, von einer bestimmten Sache zu *träumen*, formuliere die Intention, während der Nacht zu *heilen*. Verbinde dich beim Einschlafen mit dem Körperteil, der geheilt werden muss. Vielleicht bittest du um weitere Informationen darüber, was dein Körper dir mitteilen will. Anstatt es als Schmerz zu denken, stelle es dir als Botschaft oder Intensität vor.

Frage, welches Geschenk oder welche Botschaft dir der Schmerz bringen möchte. Manchmal spürst du Erkältungssymptome, während etwas aus deinem Körper gereinigt wird. Das ist die Methode deines Körpers, alte Energien aus deinen Zellen zu spülen. Jedes Mal, wenn ich eine Erkältung habe, stelle ich mir vor, wie mein Körper gerade ein riesiges Update erhält. Diese Vorstellung versetzt mich in einen Zustand der Dankbarkeit für dieses temporäre Unwohlsein, anstatt darüber frustriert zu sein.

Einmal bekam ich nach einer großen Energieaktivierung über vierzig Grad Fieber. Ich wurde nervös und rief die Praktikerin an, bei der ich die Sitzung gemacht hatte, um ihr Bescheid zu sagen. Sie schlug vor, ein Vollbad zu nehmen, in das ich den Saft einer halben Zitrone und Blumenessenz meiner Wahl geben sollte, um das Fieber zu senken. Sie sagte: „Wer weiß, was für seelischen Mist du gerade verbrennst." Ich befolgte ihren Rat, vertraute auf die Weisheit meines Körpers und am nächsten Morgen war das Fieber verschwunden.

Die *New York Times*-Bestsellerautorin Evelyn Adams unterzog sich vor Kurzem einer herausfordernden Krebsbehandlung. Obwohl ihr letztes MRT unauffällig war und der Krebs geheilt war, fürchtete sie, er könnte zurückkommen. Sie wandte sich an mich, damit ich ihr mit ihrem Mindset half.

Ich sagte, solang sie wüsste, was das „Geschenk" oder die Botschaft des Krebses war und es annahm, würde die Krankheit nicht zurückkommen müssen. Ich fragte sie, ob sie wusste, was das Geschenk ihrer Krebskrankheit war. Sie antwortete: „Ich will es nicht ‚Geschenk' nennen. Meine Schwester hat es anfangs so genannt, und ich hätte sie am liebsten mit meinem Auto überfahren. Ich sehe es eher als einen Neuanfang oder eine erzwungene Kalibrierung meiner Prioritäten."

Sie fuhr fort: „Ich habe mein eigenes Leben für meine Kinder und alle anderen zur Seite geschoben. Meine Karriere stagnierte und mein Haus und alles um mich herum wurde zu einem Desaster. Der Krebs hat bedeutet, dass ich keine Zeit mehr verschwenden konnte. Ich habe einen Berg Backlist-Bücher an einen der Verlage geschickt, mit denen ich arbeite, und sie haben sie wieder in den Verkauf genommen. Ich habe meine Schwester um Hilfe dabei gebeten, meinen einundzwanzigjährigen Sohn auf den Weg zu bringen. Er ist mittlerweile ausgezogen und mein Haus ist sauber und fühlt sich langsam wieder wie mein Zuhause an. In diesem Augenblick sitze ich in der Mitte meines neuen Büros und schraube Regale zusammen, während ich mich fit fühle.

Ich lebe nicht mehr mit dem Stresslevel, das ich früher empfunden habe. Ich setze Grenzen und priorisiere mich und meine Stimme.

Die Krankheit war ein Weckruf. Wenn ich das Leben leben will, das ich mir vorgestellt und bis zu einem gewissen Grade auch erwartet habe, dann ist jetzt die Zeit dafür gekommen. Ich kann nicht länger warten. Ich habe eine Stimme. Ich bin entschlossen, sie zu benutzen."

Wenn Evelyn jetzt Angst bekommt, der Krebs könnte zurückkommen, dann erinnert sie sich: „Wenn ich gedanklich klar und frei bleibe, dann bleibt auch mein Körper frei."

FRAGE DEINEN KÖRPER, was er braucht

· · ·

FRAGE DEINEN KÖRPER, was er von dir braucht. Die Frage: „Was benötigst du?", kann einfache, aber mächtige Antworten hervorbringen. Vielleicht hörst / siehst / riechst du Dinge wie *Salz, Zucker, Wasser, Luft, Erholung*. Oftmals ist es eine Sache, die du dir selbst versagst.

Wir haben diese Vorstellung, dass Salz und Zucker schlecht für uns seien, aber dein Körper braucht sie möglicherweise, um zu heilen. So wie eine Schwangere seltsame Gelüste nach Essen hat, das sie mit den für ihr Baby notwendigen Mineralien und Nährstoffen versorgt, kann dich auch dein Körper auffordern, Salznüsschen oder ein Stück dunkle Schokolade zu essen, weil es das ist, was er zum Heilen braucht. Lerne, zwischen den Gelüsten deines Körpers und denen deines Verstands zu unterscheiden. Als ich anfing, meinen Körper und mein Dasein als zwei unterschiedliche Einheiten zu sehen, wurde für mich vieles klarer.

DEIN KÖRPER und dein Dasein sind unterschiedliche Einheiten

ALS FELDENKRAIS®-PRAKTIKERIN wurde mir beigebracht, den Körper nicht vom Geist zu trennen. In unseren Bewegungsanleitungen benutzen wir nie die Worte „dein Körper", sondern sagten immer „du". Solang ich dachte, dass „ich" alles war, erlebte ich Verwirrung. Sobald ich versuchte, intuitiv zu essen und zu entscheiden, was ich frühstücken wollte, hatte ich immer das Gefühl, gleichzeitig „Cornflakes" und „Smoothie" zu hören. Ich entschied mich jedes Mal für Cornflakes, weil es das war, was *ich* wollte. Erst, als ich anfing, meinen Körper wie ein anderes Wesen mit eigener Weisheit und eigenem Bewusstsein zu begreifen, ergab mein verwirrter Frühstückshunger plötzlich Sinn. Mir wurde klar, dass die Smoothie-Antwort von meinem Körper kam, und die Cornflakes-Antwort von meinem Kopf. Es wurde einfacher für mich, zwischen Intuition und Gelüsten zu unterscheiden.

> Du kannst deinem Körper vertrauen. Er ist viel ehrlicher als dein Verstand.

Vergiss nicht, dass dein Körper auf deiner Seite ist (buchstäblich, klar, aber ich meine vor allem metaphorisch). Er ist in diesem Leben dein irdisches Gefäß. Er will zu deinem Leben, deinen Träumen und deinem Glück beitragen. Er will, dass du glücklich bist und Überfluss erfährst. Stell es dir vor – dein Körper wäre der Empfänger allen Luxus, aller Gelassenheit und aller Schönheit, die Überfluss dir bieten kann. Natürlich will er, dass du Erfolg hast! Also vergiss nicht, ihn zu berücksichtigen, wenn du manifestierst.

Dein Körper könnte dein bester Freund werden. Doch vielleicht stehst du mit ihm auch auf Kriegsfuß. Wie denkst du über deinen Körper? Sind deine Gedanken wohlwollend und freundlich oder abfällig? Der Körper ist sehr reaktionsfreudig – er manifestiert, was immer deine vorherrschenden Gedanken über ihn sind. Wenn du auf deinen Körper projizierst, du wärst übergewichtig, dann wird er nur zu gern zunehmen, um dir zu beweisen, dass du recht hattest.

Um zu vermeiden, zu viel Fokus auf die Zahlen auf der Waage zu legen, konzentriere ich mich lieber darauf, wie stark ich bin, wie flexibel, wie viel Energie ich habe. Ich gestatte meinem Körper, mehr davon für mich zu erschaffen.

Wenn du deinen Körper danach fragst, was er braucht,

dann taucht seine Antwort möglicherweise augenblicklich in deinem Kopf auf oder zeigt sich in der nahen Zukunft. Beispielsweise könnte dir nächste Woche jemand ein Nahrungsergänzungsmittel empfehlen oder du siehst einen grünen Smoothie, der deinen Körper regelrecht zum Leben erweckt. Und vergiss nicht, dass du deine Morgenseiten auch immer dafür nutzen kannst, Antworten deines Körpers zu finden.

Energie senden

DEINE INTENTION ZUM HEILEN EINZUSETZEN, während du nachts in deinem Schlaf-Spa liegst, kann besonders ergiebig sein. Wir wissen bereits, dass Schlaf eine wichtige Rolle dabei spielt, dem Körper beim Heilen zu helfen und ihn zu seiner normalen Funktion zurückzubringen. Laut der Theorie der Erholsamkeit ermöglicht Schlaf dem Körper, zu heilen und Zellen zu erneuern, die im Laufe des Tages durch den Blutkreislauf, Hormone, entzündungshemmende Prozesse und Stressreduktion geleert wurden.

Wenn mir etwas wehtut oder ich mich nicht gut fühle, lege ich beim Einschlafen gern meine Hände auf meinen Körper und bitte meine Handflächen, die Frequenz an meinen Körper zu senden, die er zum Heilen braucht. Habe ich Halsschmerzen, lege ich mich mit meinen Händen auf meinem Hals hin. Sind meine Schultern verspannt, presse ich meine Handflächen auf meine Schultern.

Wenn du Schmerzen oder Unwohlsein empfindest, stelle dir vor, den Schmerz anzuziehen und zu absorbieren, anstatt ihn wegdrücken zu wollen. Schicke anschließend Energie und Liebe an die Stelle in deinem Körper, die heilen muss. Dieser Prozess des Zuhörens und Liebe Verströmens ist mächtiger, als du glaubst.

Als ich zum ersten Mal von dem Konzept gehört habe, Energie an den Körperteil zu schicken, der sie braucht, war ich mir nicht sicher, ob tatsächlich etwas passierte. Damals hatte ich eine neue, junge Katze, die ziemlich verschreckt war und nur dann hinaufsprang, wenn ich auch im Bett lag. Und sogar dann rollte sie sich immer nur an meinen Füßen zusammen und kam nicht näher, um gestreichelt zu werden. Irgendwann versuchte ich, ihr durch meine Füße Energie zu schicken. Sie fing sofort an, zu schnurren.

Ich dachte, *Okay, wow. Diese Energiesache ist echt.* Als sie zu schnurren aufhörte, versuchte ich es wieder. Promptes Schnurren. Jedes Mal, wenn ich versuchte, diesem Kätzchen durch meine Füße Energie zu schicken, schnurrte sie.

Dein Körper wird auch schnurren.

Zu Beginn meiner Zeit als Reiki-Heilerin saß ich während einer Tanzprobe mit einer Tänzerin auf dem Boden des Studios. Sie konnte nicht mehr weitertanzen, weil ihr Knöchel geschwollen war und pochte. Sie hatte ihn vor ein paar Wochen beim Wandern verstaucht und jetzt wollte er nicht mehr mitspielen.

Ich legte meine Hand um ihren Knöchel, bekam aber sofort das Gefühl, als würde er die Energie, die ich ihm schicken wollte, nicht annehmen. Es fühlte sich an, als wäre er sauer auf die Tänzerin. Und sie für ihren Teil war definitiv frustriert und sauer auf ihn.

Also bat ich sie, ihrem Knöchel Liebe zu schicken, und als sie das tat, floss die Energie aus meinen Händen ungehindert. Ihr Knöchel konnte die Energie empfangen. Ich erklärte ihr, was ich fühlte. Sie begriff augenblicklich und erzählte mir, die Verletzung wäre schon viel besser geworden, bis sie gestern Abend losgezogen war und in High Heels Salsa getanzt hatte. Sie hatte ihren Knöchel zu sehr gefordert, bevor er bereit dafür gewesen war, und jetzt war er sauer auf sie. Sie schickte ihrem Knöchel eine stumme Entschuldigung dafür, ihn malträtiert zu haben, obwohl er noch nicht geheilt war, und ich spürte die Energie aus meinen Händen noch kräftiger fließen. Innerhalb weniger Minuten ging die Schwellung zurück, die erhitzte Haut kühlte ab und ihr ganzer Körper entspannte sich. Die Schmerzen in ihrem Knöchel verschwanden fast vollständig.

Du siehst also, wie wichtig eine liebevolle und nicht beleidigende Beziehung mit deinem Körper sein kann. Die Tänzerin war wütend auf ihren Knöchel und das hat die Heilung blockiert und stattdessen mehr davon geschaffen, was sie nicht wollte – Schwellungen und Schmerzen.

Du musst nicht Reiki praktizieren, um daran zu glauben, dass Energiefrequenzen aus deinen Händen fließen können. Meine Tochter konnte schon mit sieben mächtige, heilende Energie aus ihren Händen fließen lassen, bevor sie überhaupt das Konzept erlernt hatte, einfach, weil ich sie ermutigt hatte, es zu ihrer Intention zu machen.

DAS SCHMERZZENTRUM FINDEN

EINE WEITERE METHODE, um energetisch mit Schmerzen zu arbeiten, ist es, das Zentrum der Schmerzen zu finden. Anstatt den Schmerz zu meiden, dringst du direkt in sein Zentrum vor. Wie beim Auge des Hurrikans gibt es auch beim Schmerz ein Zentrum – lass dein Bewusstsein danach

Ausschau halten. Manchmal wandert ein Schmerz. Wenn das der Fall sein sollte, verrät dir das, dass der Schmerz energetischer Natur ist, anstatt physisch.

Stell dir vor, wie du dein Bewusstsein direkt ins Zentrum des Schmerzes lenkst. Fülle ihn mit deiner Energie aus. Während du das tust, wirst du bemerken, wie du das vorherrschende Muster aufbrichst, das für die Intensität gesorgt hat. Dein Bewusstsein im Schmerzzentrum löst dieses Muster auf und zerstreut den Schmerz. Bleibe so lange dort, wie du magst, dann schicke Liebe / Energie in die allgemeine Körpergegend.

SCHRITTE, um deinen Körper im Schlaf-Spa zu heilen

1. Formuliere deine Intention, in der Nacht zu heilen.
2. Verbinde dich bewusst mit der Körpergegend in dir, die geheilt werden muss. Wenn du Schmerzen hast, versuche, ihr Zentrum zu finden, und gehe dort hinein, um ihre Macht über deinen Körper zu lösen.
3. Frage, ob es eine Botschaft oder ein Geschenk in dieser Erfahrung gibt.
4. Frage deinen Körper, was er benötigt, und achte darauf, ob du Gedanken oder Bilder empfängst. Wenn das nicht der Fall ist, stelle Frage 3 und Frage 4 erneut, wenn du direkt nach dem Aufwachen in dein Tagebuch schreibst und ungehinderten Zugang auf deine Intuition hast.
5. Lege deine Hände dort auf deinen Körper, wo du Schmerzen empfindest, oder auch einfach auf

deine Brust oder deinen Bauch. Formuliere die Intention, dass die Frequenz, die dein Körper zum Heilen braucht, im Laufe der Nacht durch deine Hände in deinen Körper fließt.

6. Schlafe in dem Wissen, dass massive Heilung und Wiederherstellung stattfinden werden, während du dich erholst.
7. Erneuere jedes Mal, wenn du aufwachst, deine Intention, die Frequenz der Heilung, durch deine Hände in deinen Körper hineinfließen zu lassen.
8. Suche am Morgen nicht nach dem Schmerz. Suche nach Vergnügen. Was fühlt sich gut an? Inwiefern ist es besser? Kannst du eine Verbesserung spüren? Gibt es Botschaften von deinem Körper? Schreibe alles auf, was dir auffällt.

KAPITEL DREIZEHN

Emotionale oder spirituelle Heilung durch dein Schlaf-Spa

DER PROZESS FÜR EMOTIONALE, spirituelle, innerste, generationsübergreifende Verletzungen oder jede andere Art der Heilung ist derselbe. Es ist wichtig, zu begreifen, dass dein Körper ein aktiver Teilnehmer an jedem Heilungsprozess (und an jeder Manifestation) ist, weil er das Unterbewusstsein repräsentiert. Deshalb solltest du deinen Körper immer in deine Manifestationen und heilenden Schöpfungen einbinden. Es ist wichtig, liebevoll und wohlwollend mit ihm zu sprechen, sanft mit ihm umzugehen und ihm Luxus zu gönnen. Auf diese Weise vermittelst du dem Universum, dass du genauso behandelt werden willst – mit Überfluss, Schönheit, Luxus und Liebe.

Die Schritte für diese Art von Heilung sind ähnlich wie die Schritte für körperliche Heilung.

1. Wenn du dich in dein Schlaf-Spa legst, fokussiere dich auf deine Intention, das zu heilen, was dich stört oder beunruhigt.

DU KÖNNTEST DARUM BITTEN, eine innerste Verletzung zu heilen oder eine Geldblockade zu bereinigen. Oder versuche etwas wie:

- „Während ich schlafe, werde ich von unvorstellbarer Heilung träumen."
- „Während ich schlafe, werde ich alles erhalten, was ich brauche, um nach vorn zu schauen."
- „Während ich schlafe, wird das Universum mich in Licht hüllen und mich in einen Flow-Zustand versetzen."
- „Während ich schlafe, werden alle meine Energiemeridiane in Harmonie und Gleichgewicht kommen."
- „Während ich schlafe, werden alle meine Chakren ausgeglichen und in Harmonie versetzt werden."

1. Lege deine Hand auf deinen Körper und formuliere die Intention, dass die Energie, die dein Dasein braucht, um zu heilen, aus deinen Händen in deinen Körper und dein Energiefeld strömt.
2. Jedes Mal, wenn du in der Nacht wach wirst oder dein Schlaf leichter ist, erinnere dich an deine Intention, zu heilen.
3. Frage dich nach dem Aufwachen: „Was wurde während der Nacht geheilt?" Schreibe frei über deine Antwort. Es ist völlig in Ordnung, wenn

deine Antwort keinen Sinn ergibt oder nicht das ist, wovon du geglaubt hast, es müsse heilen. Oftmals sind wir uns der unterschwelligen Moleküle nicht bewusst, die heilen müssen, um eine große Veränderung zu bewirken.

Übung: **Schreiben, um zu heilen**

DIE FOLGENDE ÜBUNG ist eher eine Übung für Freies Schreiben als eine Schlaf-Spa-Übung. Sie ist ein Prozess, um mit der Seele zu kommunizieren und herauszufinden, welche Probleme deine Seele gern heilen würden, und um daran zu arbeiten.

1. Leg dein *Entspannt zum Reichtum*-Tagebuch neben dich und setze dich an einen Ort, an dem du in einen meditativen Zustand kommen kannst. Das kann direkt nach dem Aufwachen sein oder nach einer Aktivität, die dich erdet, wie ein Spaziergang in der Natur, Yoga oder Meditation.
2. Schließe die Augen und formuliere die Intention, dich mit deinem Höheren Ich / Seelen-Ich zu verbinden. Sprich diese Intention dreimal laut oder leise aus. *Ich möchte mich mit meinem Höheren Ich verbinden. Ich möchte mich mit meinem Höheren Ich verbinden. Ich möchte mich mit meinem Höheren Ich verbinden.*
3. Stell dir vor, wie ein Lichtstrahl (wie bei einer Taschenlampe) aus deiner Kopfkrone strahlt und

hinauf in die Lichtkugel über dir führt. Diese Lichtkugel ist dein Höheres Ich. Verbinde dich mit seiner höheren Frequenz. Du musst nicht genau verstehen, was ich beschreibe – stell es dir einfach so vor, wie du möchtest. Vielleicht ist es für dich auch ein Audiokabel, das in die Buchse gesteckt wird, damit du hören kannst, was dort oben vor sich geht.

4. Schreibe die folgende Aufforderung in dein *Entspannt zum Reichtum*-Tagebuch: _________ [dein Name – du sprichst mit deinem Höheren Ich!], *was willst du heilen?* Sprich mit deinem Höheren Ich wie mit einem anderen Wesen. Du erhältst diese Informationen wie ein unbeteiligte*r Schreiber*in. Es ist nicht deine Aufgabe, auf irgendeine Weise zu interpretieren oder dich einzubringen. Du sollst einfach nur die Informationen aufschreiben, die an dich herangetragen werden.

5. Schreibe alles auf, was hochkommt. Das mag nichts mit dem Schmerz oder dem Unwohlsein zu tun haben, die du im Augenblick spürst. Vielleicht ist es auch überraschend für dich, größere Meta-Probleme aufzudecken, wie zum Beispiel, dass du an dich selbst glauben musst oder mehr Unterstützung benötigst. Zensiere nichts davon und versuche nicht, sofort Lösungen zu finden. Lasse den Stift einfach weiter über die Seite gleiten und schreibe auf, was zu dir kommt. Fülle so viele Seiten, wie du kannst.

6. Jetzt schließe die Augen und kehre erneut zu dem Bild des Lichtstrahls aus deinem Schädel

zurück. Verbinde den Lichtstrahl wieder mit der Lichtkugel deines Höheren Ichs. Anschließend schickst du einen zweiten Lichtstrahl aus der Lichtkugel deines Höheren Ichs zu der spirituellen Sonne hinauf, die die Quellenenergie, das Universum, unendliche Weisheit oder Gott repräsentiert – welchen Namen auch immer du wählst. Wiederhole dreimal laut oder in Gedanken: *Ich möchte mich mit der Quellenenergie* [oder ein anderer Name] *verbinden.*

7. Schreibe die Aufforderung: *Energiequelle / Universum / Gott, welche Botschaft hast du für* ________ [dein Name]? Du merkst, dass wir nicht sagen: *für mich.* Du bist weiterhin der/die unbeteiligte*r Schreiber*in.

8. Schreibe alles auf, was zu dir kommt. Lass den Stift über das Papier gleiten. Dein Ziel ist es, so viele Seiten wie möglich zu füllen.

9. Wenn du das Gefühl hast, die Worte versiegen langsam und die Botschaft ist überbracht, danke deinem Höheren Ich und der Energiequelle für die Heilung, die stattgefunden hat. Bestätige jedem der beiden dreimal laut oder in Gedanken, dass du die Verbindung mit ihnen jetzt unterbrechen wirst. Auch wenn es dir sinnvoller erscheint, die Verbindung aufrechtzuerhalten, könnte das deine Energie erschöpfen oder fehlleiten. Bewusst eine Verbindung zu suchen und wieder zu beenden, ist ein sauberer Zugriff und eine bessere Verwendung deiner Energie.

10. Vertraue darauf, dass dein Höheres Ich die Botschaft der Quellenenergie gehört hat. Es gibt nichts mehr für dich zu tun. Die Heilung hat bereits begonnen und läuft. Du brauchst nun nichts weiter tun, es sei denn, du hast einen bestimmten Auftrag erhalten.

HEIMSPIEL

1. Fahre mit deinem Schlaf-Spa-Ritual fort.
2. Höre einmal pro Woche ein Subliminal oder eine Meditation, während du schläfst.
3. Experimentiere weiterhin mit einer der Traumübungen – entweder „Träume es ins Sein" oder „Luzides Träumen" – und schreibe deine Träume in dein *Entspannt zum Reichtum*-Tagebuch.
4. Interpretiere und heile, indem du die in diesem Kapitel vorgestellten Methoden benutzt.

WERKZEUG NR. 5

Leben, um zu lachen

KAPITEL VIERZEHN

In meiner Kindheit schickte uns meine Tanzlehrerin immer zu Auftritten an öffentlichen Orten wie Einkaufszentren oder Jahrmärkte. Vor einer Menschenmenge aufzutreten, die man sehen kann, ist eine ganz andere Erfahrung, als auf einer Bühne im Scheinwerferlicht zu stehen. Oft brachten mich die ausdruckslosen Gesichter und die scheinbar toten Blicke des Laufpublikums aus dem Konzept. Als ich meiner Tanzlehrerin von meinem Unbehagen erzählte, stellte sie die Theorie auf, dass die leeren Blicke vermutlich daher kamen, weil die meisten Menschen nur noch Fernsehen schauten oder ins Kino gingen, anstatt Live-Aufführungen zu besuchen. Sie waren nicht länger daran gewöhnt, direkt auf die Performer zu reagieren. Der Energieaustausch zwischen Zuschauern und Darsteller ist oftmals sehr einseitig.

Das Ergebnis war, dass ich damals an Ort und Stelle entschied, die ausdrucksstärkste Zuschauerin zu werden, die die Welt je gesehen hatte, vor allem, wenn ich mir Vorführungen meiner Freund*innen ansah. Ich lachte laut über lustige Momente und riss das restliche Publikum mit. Lachen ist schließlich ansteckend.

Diese Angewohnheit ist mir in Fleisch und Blut übergegangen. Wenn ich im Publikum eines Liveauftritts sitze, werdet ihr immer mein Lachen, nach Luft Schnappen und meine *Ohs* und *Ahs* in der Menschenmenge hören. Nach jeder Vorstellung fühle ich mich wie „angeknipst" vom Energieaustausch, der zwischen Darstellern und Zuschauern stattgefunden hat. Ich liebe Liveauftritte einfach.

Bei den alten Griechen war Theater eine Form der Katharsis. Indem sie eine Komödie oder Tragödie anschauten, rechneten sie mit Reinigung oder Läuterung – durch Lachen oder Weinen. Damals dachte man, Katharsis könne Emotionen reinigen und zu emotionaler Erneuerung und Wiederherstellung führen.

Bei diesem Werkzeug Nr. 5 werden wir aktiv die Magie des Lachens einsetzen.

Die Redensart „Lachen ist die beste Medizin" stimmt. Lachen ist eine wirksame Medizin, die wir alle brauchen. Wie oft verschreibst du dir diese Medizin allerdings tatsächlich selbst? Wie oft holst du dir ein neues Rezept und aktivierst bewusst die Magie des Medikaments?

Als ich jung war, hörte ich Norman Cousins Geschichte. Er war Autor, Redakteur und Verfechter des Völkerrechts und der Abrüstung. In einem Artikel für *The New England Journal of Medicine* schrieb er unter dem Titel „Anatomy of an Illness (Anatomie einer Erkrankung)" über seine Heilung einer schweren Bindegewebserkrankung. Er berichtet, dass zehn Minuten herzhaftes, schallendes Gelächter eine betäubende Wirkung hatten und ihm mindestens zwei Stunden schmerzfreien Schlaf ermöglichten.

Der Komiker Eyal Eltawil setzte Lachen ein, um sich von einer Krebserkrankung zu erholen, nachdem die Ärzte ihm eine Heilungschance von weniger als 5 % prognostiziert hatten. Darüber schreibt er in seinem Buch *The Cancer that Died of Laughter (Der Krebs, der sich totgelacht hat)*.

Es ergibt Sinn, dass Lachen eine Krankheit heilen kann. Wenn Erkrankungen und Leiden aus feststeckenden Energien und nicht verarbeiteten Emotionen resultieren, dann kann man argumentieren, dass Lachen dabei hilft, diese feststeckenden Elemente zu lösen. Nur eine einzige Lach-Sitzung kann das Cortisol-Level bewiesenermaßen um über 35 % reduzieren.

LACHEN IST eine Übung im Loslassen. Es reinigt die Rohre von schaler, stagnieren Energie, spült unser System durch, setzt Endorphine frei und führt zu Ruhe und Gelassenheit. Du kannst es einsetzen, um deine Stimmung wieder in Richtung Freude zu lenken.

Lachen ist besonders mächtig, wenn du über dich selbst lachen kannst.

All die Stellen, die du an dir selbst zu ernst nimmst, all deine dunklen, hässlichen Schattenseiten können mit ein wenig Humor leicht integriert werden. Sei gewillt, zehn Sekunden lang all die Eigenschaften anzunehmen, gegen die du dich sonst vehement wehren würdest – eine schlechte Mutter zu sein, ein Nichtsnutz, ein Stümper, manipulativ, ein*e Goldgräber*in, eine Schlampe. Verkörpere diese Energie mit absoluter, radikaler Akzeptanz, und sie wird alle Macht über dich verlieren.

Nachdem ich mich von meinem Sechsmonats-Freund getrennt hatte, habe ich mich noch lange in Gedanken mit ihm gestritten. Das sorgte bei mir für eine Menge Kummer, denn ich wollte über die Beziehung hinwegkommen und mich nicht in einem konstanten Zustand der Negativität und der Abwehrhaltung befinden. Ich vermute, diese mentalen Auseinandersetzungen hingen damit zusammen, dass ich keine Gelegenheit gehabt hatte, mich während der Trennung vor ihm zu verteidigen. Weil ich wusste, dass es den Trennungsprozess nur in die Länge ziehen würde, entschied ich mich damals dazu, den Mund zu halten, damit die Sache schnell vom Tisch war.

Erst, als ich mit somatischen Übungen begann, um Dinge hochzuholen, gegen die ich mich sträubte, schaffte ich es, dieses Gefühl der Abwehrhaltung und des Widerstands in Bewegung zu setzen.

Sobald mich irgendetwas an einen seiner schweren Vorwürfe erinnerte, antwortete ich in Gedanken voller Abwehr. Doch dann erkannte ich etwas Tiefschürfendes. Ich verteidigte mich tatsächlich nur *gegen mich selbst*. Wenn jede Figur in unseren Träumen nur ein weiterer Teil unseres Ichs ist, dann verteidige ich mich nur dann gegen Kritik, *wenn ich auf irgendeiner Ebene glaube, dass diese Kritik stimmt.*

Warum diese Kritik also nicht einfach wahr sein lassen?

Wie wir es in „Erforsche das Gefühl der Wertlosigkeit" geübt haben, gestattete auch ich mir, schlecht im Kommunizieren zu sein, unklare Nachrichten zu schreiben, die „emotional ausweichende" Person zu sein, die zu sein er mir vorwarf. Ich ließ alles herein – all die Qualitäten, gegen die ich mich so vehement verteidigt hatte.

In dem Augenblick, als ich das tat, lachte ich laut auf.

Ich konnte über mich selbst lachen. Darüber, wie sehr ich mich abmühte, mich gegen diese verachtenswerten Qualitäten zu verteidigen. Ich lachte darüber, dass es vollkommen egal war, ob ich emotional ausweichend war oder nicht. Denn in dem Moment, in dem ich diese Energie hereinlasse, in dem Moment, in dem ich mir gestatte, ausweichend zu sein, kann ich es ändern. Ich kann die negative Aufladung auflösen, kann sie integrieren und damit mein wahres Ich anfeuern.

Über mich selbst zu lachen, wurde zur allerbesten Medizin. Und am Ende war tatsächlich ich diejenige, die am besten lachte.

SCHAU DIR COMEDY-SPECIALS AN, Theaterstücke oder Filme. Umgib dich mit humorvollen Menschen und Lachen. Die Endorphine, die dabei ausgeschüttet werden, sind ähnlich wie die, die du beim Sport freisetzt, wie bei einem Läuferhoch. Die kathartische Wirkung des Lachens dient zum Stressabbau und kann dich für diese Sekunden aus deinen Problemen entführen.

Laut einer Studie der Mayo Clinic[1] führt Lachen zu einer verbesserten Aufnahme von sauerstoffreicher Luft, stimuliert Herz, Lungen und Muskeln und steigert die Ausschüttung von Endorphinen in deinem Gehirn. Es kann den Stressabbau aktivieren und erleichtern, deinen Puls und deinen Blutdruck beruhigen und somit zu Entspannung führen.

Lachen kann außerdem den Blutkreislauf anregen und die Muskelerholung unterstützen, beides Dinge, die dabei helfen, körperliche Symptome von Stress zu reduzieren. Lachen kann sogar dein Immunsystem stärken. Negative Gedanken manifestieren sich in chemischen Reaktionen, die Auswirkungen auf deinen Körper haben können, indem sie mehr Stress in dein System tragen und dein Immun-

---

1. https://www.mayoclinic.org/healthy-lifestyle/stress-management/in-depth/stress-relief/art-20044456

system schwächen. Im Gegensatz dazu können positive Gedanken tatsächlich dafür sorgen, dass Neuropeptide ausgeschüttet werden, die beim Stressabbau helfen und möglicherweise sogar ernstere Erkrankungen bekämpfen können.

Wie Norman Cousins festgestellt hat, kann Lachen den Körper dazu bringen, sein eigenes Schmerzmittel zu entwickeln, und Schmerzen lindern. Zu guter Letzt kann Lachen es einfacher machen, mit schwierigen Situationen umzugehen. Und es kann – wie ich als Zuschauerin von Liveauftritten herausfinden konnte – dabei helfen, Verbindungen mit anderen Menschen zu schaffen.

Lache dir den Weg zur Bank frei

Okay, ganz im Ernst. Ich weiß, dass du schon längst über die Vorteile des Lachens Bescheid weißt. Ich hatte definitiv schon davon gehört, und dennoch entschied ich mich nicht dazu, Lachen aktiv einzusetzen.

Manchmal brauchen wir einfach die richtige Motivation.

Was, wenn ich dir jetzt sagen würde, Lachen könnte dich reich machen? Würdest du Lachen dann zu einer bewussten Aktivität erklären? Würdest du regelmäßige, tägliche Lach-Sessions einplanen?

Intention ist alles. Sich aktiv fürs Lachen zu entscheiden, kann dein Leben zum Besseren verändern.

Diejenigen unter euch, die mit der Lehre von Abraham-Hicks vertraut sind, wissen, dass es ihr ständiger Ratschlag für Manifestation ist, einfach die Schwingungen zu erhöhen. Wenn du in schlechter Stimmung bist, schlagen sie vor, deine Katze zu streicheln, einen Spaziergang zu machen, etc. Suche nach dem Schönen und Angenehmen, und du wirst mehr davon erhalten.

Ich glaube, es ist wichtig, an deiner Schattenintegration zu arbeiten, wie ich es in diesem Buch beschrieben habe, anstatt schlechte Gefühle zu vermeiden. Aber es kann genauso wirkungsvoll sein, sich für Erbauung zu entscheiden.

2021 nahm sich die Autorin Mel Jolly diesen Rat zu Herzen. Sie hatte extrem hart dafür gearbeitet, ihr Sachbuch *Becoming Future You: Be the Hero of Your Own Life* erfolgreich zu veröffentlichen. Sie tat alles, was von ihr erwartet wurde, sie richtete sogar einen Funnel ein, um die Leser*innen zu ihrem Coaching-Business zu leiten.

Doch ihre Veröffentlichung floppte. Die ganze harte Arbeit, ihre Bemühungen, das zu tun, was die gängigen Meinungen vorschrieben, und doch stellten sich die versprochenen Resultate nicht ein. Sie arbeitete, so hart sie nur konnte, und gab 120 %. Ihre Gesundheit litt unter dem Stress, ihre Work-Life-Balance geriet in Schieflage, und dennoch sah sie nur minimale Ergebnisse.

„Zu der Zeit fühlte ich mich einfach schrecklich. Jetzt kann ich erkennen, dass es das Beste war, was mir passieren konnte. Ich glaube, ich musste den Tiefpunkt dieser harten Arbeit erleben, um sagen zu können: *Scheiß drauf. Dieses System ist ganz offensichtlich der letzte Dreck. Offensichtlich führen Anstrengung, in Aktion treten und harte Arbeit mitnichten zum Erfolg.*"

Als Mitglied unserer *Money Magic*-Community und Anwenderin des Überfluss-Mindsets, verstand Mel, wie wichtig es war, ihre eigene Freude zu finden und aufrechtzuerhalten.

Also entschied sie sich, sich auf ihre Gesundheit zu

konzentrieren, sowie auf einen der Schritte zum Überfluss, die von Manifestations-Guru Denise Duffield-Thomas entwickelt wurden: Entrümpeln. „Ich fing an, mich dank der Entrümpelung leichter zu fühlen, aber auch davon, die harte Arbeit loszulassen. Ich hatte mehr Zeit, weil ich aufhörte, Podcasts aufzunehmen, Newsletter zu schreiben und all die anderen Dinge zu tun, die mein Sachbuch-Business aufbauen sollten." Sie hörte auf, am Wochenende zu arbeiten, und nahm sich den Sommer über frei.

Mel war immer schon eine große Wasserratte gewesen, also sagte sie zu sich: „Wenn ich nicht mehr permanent arbeite, könnten wir uns doch einen Pool kaufen. Und allein diese Vorstellung löste in mir ein Gefühl der Leichtigkeit aus."

Ihr Mann und sie installierten in ihrem Garten ein großes Vorratsfass mit Auffangsieb und Pumpe als Pool. Sie verbrachten den ganzen Sommer im Wasser. „Das war der beste Sommer, den wir je hatten. Wir dachten die ganze Zeit nur, *wow, das ist einfach himmlisch.*"

Während sie mit der Entrümpelung ihres Hauses fortfuhr und weiter danach suchte, was sie glücklich machte, erkannte sie, was für einen Beitrag der Pool geleistet hatte. Sie stellte fest, dass sie in ihrem nun entrümpelten Hauswirtschaftsraum nun sogar Platz für einen Whirlpool hatte, damit ihr Winter genauso entspannt werden würde wie ihr Sommer. „Wenn du mir vor einem Jahr erzählt hättest, dass wir in unserem Haus Platz für einen Whirlpool haben, hätte ich dich ausgelacht. Der Raum war winzig, vollkommen zugestellt und voller Gerümpel. Aber es ist passiert."

Weil sie die scheinbare Luftschlossidee, einen Whirlpool zu haben, problemlos manifestieren konnte, wurde der Whirlpool für Mel zum Symbol grenzenloser Möglichkeiten. Er ist ihre Manifestationszentrale – der Ort, an dem sie sich gut fühlt und ihr kreatives Potenzial anzapfen kann. Das weiße Rauschen der Düsen versetzt sie in einen meditativen Zustand, in dem sie sich gut fühlt, ihre Schwingungen verstärken und nachdenken kann. ,Es ist der Ort, an dem ihr die besten Ideen kommen.

Im Whirlpool fühlt sie, wie ihr die Last, eine Lösung für hypothetische Probleme finden zu müssen, von den Schultern genommen wird. „Früher habe ich mich nahezu geweigert, auf gute Ideen zu kommen, denn dann verspürte ich immer den Druck, sie auch auszuführen. Jetzt kann ich einfach auf gute Ideen kommen. Es ist, als wäre keine Idee tabu oder zu fantastisch, denn ich trage nicht länger die Verantwortung, eine Lösung für ihre Ausführung entwickeln zu müssen. Und manche meiner Whirlpool-Ideen sind definitiv nicht für die Ausführung gedacht. Das sind Sachen wie: *Es wäre so toll, wenn es einen Roboter gäbe, der Regenrinnen reinigt.*“ Sie warf mir ein verschmitztes Grinsen zu. „Ich kann es gar nicht erwarten, bis das Realität wird.“

Wie sich herausstellte, hat Mel ihren Weg zu Bank freigelacht.

Obwohl sie ihr Business eingestampft hatte, stieg ihr Einkommen an. Das schreibt sie ihrem Entschluss zu, sich gut zu fühlen. „Ich habe die Sachbücher beiseitegelegt. Ich habe meine Mailingliste gelöscht. Ich habe mir die Erlaubnis gegeben, mit der Werbekampagne für mein Buch aufzuhören und mir nicht länger Gedanken darüber zu machen. Das hat allerdings Zeit gebraucht.

Es dauerte über sechs Monate, und das war der Moment, als Pool und Entspannung mit ins Spiel kamen. Ich musste aufhören, ständig Ratschläge einzuholen. Man wird nicht eine*n Autor*in finden, der oder die sagt: ‚Ja klar, lösche deine Mailingliste und spring in den Pool. Mach einfach gar nichts mehr und schau, was passiert.‘

Das Buch verkaufte sich weiterhin nicht, aber ich habe zum ersten Mal überhaupt mit meinem Business die Hunderttausend-Dollar-Marke geknackt. Obwohl die Arbeit mit meinen Klient*innen nicht viel gezahlt hat, dachte ich, *Warum gehe ich nicht auf eine weitere Konferenz,* oder *Vielleicht kann ich bei dieser Person zu einer wiederkehrenden, monatlichen Zahlung wechseln. Vielleicht kann ich meine Preise erhöhen. Vielleicht muss ich meine Mindeststundenzahl erhöhen.* Und ich strich Arbeit, die mir nicht gefiel."

Im nächsten Jahr verdiente sie sogar noch mehr, obwohl sie nur halb so viel arbeitete. Mel erklärte: „Mein Ziel ist es, mein Einkommen zu verdoppeln, indem ich eine Arbeit mache, die ich doppelt so sehr liebe.

Sobald ich mein Sachbuch zur Seite legte, *entspannte* ich mich genug, um das Geld hereinströmen zu lassen, ohne dass es durch das Buch generiert werden musste. Ohne Kontrolle und ohne es ‚herbeizucoachen‘. Ohne sagen zu müssen: ‚Das ist die Straße, die ich für dich gebaut habe, also fahre darauf verdammt noch mal endlich zu mir.‘ Mit einer derart verbissenen Energie konnte natürlich nichts klappen."

Mel fuhr fort: „Die Moral der Geschichte ist nicht, dass sich mein Buch plötzlich verkaufte. Obwohl doch einige sehr coole Dinge passiert sind. Es war Teil eines TikTok-Videos, in dem jemand Straßeninterviews über Lieblingsbücher geführt hat. Die Leute sagten Sachen wie Stephen King, Stephen King, die Bibel, Stephen King, und hin und wieder ein paar andere Titel. Und urplötzlich flackerte *Becoming Future You* – mein Cover! – über den Bildschirm! Ein paar Leute schrieben mir E-Mails, weil sie das Video gesehen hatten, und ich dachte erst, sie wollten mich verarschen, bis ich mir das Video selbst anschaute. Ich rollte vor Lachen über den Boden."

Am nächsten Tag schickte mir Mel den Screenshot einer an Leser*innen gerichteten E-Mail von Barnes & Noble, in der ihr Buch genannt wurde. Sie sagte: „Ich kann nur vermuten, dass diese E-Mail ein direktes Ergebnis des Whirlpools ist."

MACHE „GUT FÜHLEN" zu deiner Dauer-Intention

EINE SACHE, die mir von Mels Geschichte im Gedächtnis geblieben ist, ist die Tatsache, wie bewusst sie ihre Freude gesucht und aufrechterhalten hat. Sie versteht, dass sie genau dadurch Überfluss in ihrem Leben schafft. Magie kann dann entstehen, wenn sie die Kontrolle loslässt. Um entspannt zum Erfolg zu gelangen, sucht sie aktiv nach Dingen, die sie glücklich machen oder sie entspannen.

Beispielsweise hat sie eine „Glücksliste", an die sie ihr Kalender jeden Monat automatisch erinnert. Das ist eine Liste all jener Dinge, die ihr Freude oder Glück bereiten. Darauf steht Folgendes:

LIEBE ZUKÜNFTIGE MEL,

HIER SIND DIE DINGE, die dir Freude bereiten:

- Meditation
- Mit Boo kuscheln (ihr Hund)
- PEMF (Pulsed Electro Magnetic Field Therapy

oder Pulsierende Magnetfeldtherapie – ihr Chiropraktiker bietet sie an)
- Dich so oft du kannst darauf konzentrieren, dich gut zu fühlen
- Deinen Körper bewegen
- Dich mit etwas Lustigem oder etwas, das sich gut anfühlt, ablenken
- In den Whirlpool steigen
- In der Sonne liegen
- *Vorbilder?!*, *Stiefbrüder*, *Wet Hot American Summer*, *Wir sind die Millers*, *Super Troopers* oder andere alberne Filme ansehen
- Das Lonely Island-Comedytrio (Schau dir ihre Videos auf YouTube an)

ICH SCHLAGE VOR, dass auch du damit beginnst, deine eigene „Glücksliste" zu erstellen und sie zu einem immer weiter anwachsenden Dokument werden zu lassen.

LACHEN IST **ein Wurmloch zu deinem Höheren Ich**

VON EINEM ENERGETISCHEN Standpunkt aus gesehen, erlaubt uns Lachen, uns mit unserem Höheren ich, der Einheit oder dem All-Sein zu verbinden.

Wir alle laufen Gefahr, negative Energien, energetische Bindungen oder Entitätsbessessenheiten anzuziehen. Meine Vermutung ist es, dass sich diese Energien von negativen Emotionen ernähren. Wenn du also eine energetische Bindung hast, dann beginnen deine Gedanken und

Emotionen, in den Abfluss zu strudeln. Ich weiß, dass ich eine solche Bindung habe, wenn ich anfange, mich verzweifelt oder hilflos und hoffnungslos zu fühlen. Ich erkenne, dass das nicht mein wahres Ich ist. Das bin nicht ich. Es ist etwas anderes, das sich in meinem Energiefeld aufhält.

Mittlerweile habe ich gelernt, wie ich mich selbst oder andere schnell von niederen, dichten oder ungeerdeten Energien und Bindungen befreien kann, aber du musst kein*e praktizierende*r Schaman*in sein oder aufsuchen, um deine Energie zu reinigen.

Lachen kann energetische Bindungen und Wesen / Entitätsbesessenheiten verbannen. Wir Menschen haben diesen herrlichen, eingebauten Mechanismus, um uns davon zu befreien. Lachen ist natürlich, perfekt und umsonst.

PLANE EINE LACH-SESSION

LACHEN IST EINE MÄCHTIGE UNTERBRECHUNG. Es kann emotionalen Raum ermöglichen und Energiemuster verändern.

Kinder lachen schnell, oft und viel. Manche Erwachsenen auch, aber die meisten von uns haben gelernt, unser Lachen hinunterzuschlucken. Mein Teenager musste letztes Jahr einen Entschuldigungsbrief an seinen Mathelehrer schreiben, weil er während des Unterrichts über den Witz eines Klassenkameraden gelacht hatte – als wäre es seine Schuld gewesen, dass der Witz lustig war.

Weil lachen ansteckend ist, ist diese Übung einfacher und unterhaltsamer, wenn man sie mit mehreren durchführt. Lade eine*n oder mehrere Freund*innen ein, erkläre, dass es das Ziel ist, so viel wie möglich zu lachen. Dann beobachte, wie ihr euch gegenseitig anstachelt.

Mein Sohn und seine Freunde spielen gern ein Spiel, bei dem sie einen großen Schluck Wasser in den Mund nehmen und dann versuchen, die anderen zum Lachen zu bringen. Der erste Junge, der losprustet, hat verloren, aber natürlich haben alle etwas von diesem Spiel.

Wenn du dich zum ersten Mal an einer Lach-Session versuchst, wirst du vielleicht bemerken, dass du darauf trainiert wurdest, einen Hund-starrt-auf-Fernseher-Blick aufzulegen. Du findest etwas lustig oder komisch, und innerlich lachst du auch, aber äußerlich verziehst du kaum eine Miene.

Oder du findest Humor zunächst nicht einmal lustig.

Jeder von uns hat einen anderen Sinn für Humor. Manche von uns mögen Slapstick oder Situationskomik. Andere lieben geistreiche Schlagabtausche. Sogar, wenn du denken solltest, du hättest keinen Sinn für Humor, wirst du bei dieser Übung feststellen, dass Sinn für Humor wie ein Muskel ist, den man trainieren kann.

Schalte deinen inneren Kritiker ab

Wenn du dein Lachen befreien willst, ist es das Wichtigste, Bewertung und Kritik abzustellen – innerlich wie äußerlich. Innerliche Bewertung könnte sein, dass du dich gehemmt fühlst, wenn du laut lachst, oder beschämt, worüber du lachst. Äußerliche Bewertung wäre es, wenn du den Film oder die Vorstellung kritisierst, die du dir ansiehst.

Bewertung – krasser gesagt: Verurteilung – ist eine Energie, die zerstört. Sie verschließt Türen. Sie ist das Gegenteil des unendlichen, kreativen Potenzials, das wir manifestieren wollen. Wenn du dir selbst etwas schenken könntest, dann würde es vermutlich das nützlichste Geschenk sein, dich von Kritik und Verurteilung zu befreien.

Lache lauter

Es mag sich albern anfühlen, aber ich werde dich jetzt auffordern, dich selbst laut zum Lachen zu „bringen", noch lauter, bis du schallend lachst. Dein Lachen zu übertreiben, wird dir dabei helfen, dich in diesem neuen Verhaltensmuster zu verorten. Erinnerst du dich an meine Geschichte darüber, wie Fernsehen die Art und Weise verändert hat, wie wir Unterhaltung wahrnehmen? Tu so, als würde ein*e Live-Performer*in oder Komiker*in vor dir stehen, und du willst, dass er oder sie ganz genau weiß, wie lustig du ihn oder sie findest und wie sehr du den Humor zu schätzen weißt.

Oder besser noch – geh und schau dir eine Comedy-Show live an und lache laut. Achte auf den Energieaustausch, der stattfindet. Deine Wertschätzung wird ihren Auftritt anfeuern. Und ihr werdet beide mehr davon haben. Genauso, wie es ist, wenn du jemanden ein Kompliment für ein Oberteil oder ein Kleid machst, und ihr euch beide besser fühlt.

Lachen ist das Empfangen und Schenken von Energie. Es schafft Verbindungen zwischen Menschen.

Heimspiel

1. Fahre mit deinem Schlaf-Spa-Ritual vor, schreibe und deute deine Träume und höre dir mindestens einmal pro Woche beim Schlafen ein Subliminal / eine Meditation an.
2. Wähle aus der unten stehenden Liste von Aktivitäten, die zum Lachen anregen, einen Vorschlag aus und befolge ihn.

- Plane einen Lach-Abend (oder ein ganzes Wochenende oder sogar noch länger!), an dem du lustige Filme oder Serien schaust.
- Befrage deine Freund*innen und erstellt eure eigene Liste mit lustigen Filmen und Serien. Finde heraus, was du magst – alberne Komödien? Slapstick? Die absurdesten Szenarien? Oder ziehst du sarkastischen, bissigen Humor vor? Unsere derzeitige Lieblingsserie ist *Brooklyn 99*. Weitere Hits sind *Game Changer, Tacoma FD, Parks and Recreation* und die immergrüne Reserve *Saturday Night Live*. Und vergiss nicht, dich selbst laut zum Lachen „zu bringen", während du diese Sendungen schaust. Zuerst wird es sich komisch (ha!) anfühlen, aber mit der Zeit wird es einfacher.
- Veranstalte eine Lach-Party mit deinen lustigsten Freunden.
- Erstelle deine eigene, immerwährende „Glücksliste" wie Mel, und richte eine monatliche Erinnerung dafür ein, damit du sie immer wieder durchliest und ergänzt.

- Besuche einen Comedy-Club oder eine Theatervorstellung, um den Energieaustausch bei einer Liveaufführung mit Gelächter zu erleben. Lächle und lache laut, während du darauf achtest, wie der Energieaustausch zwischen Darsteller(n) und Publikum vonstattengeht.
- Gehe zu einem Kurs für Lach-Yoga, Ziegen-Yoga, Welpen-Yoga, Kätzchen-Yoga, Buti-Yoga oder jeder anderen Bewegungsform, die dich zum Lachen bringt.
- Schreibe eine Parodie deines Lieblingslieds oder deiner Lieblingssendung, auch wenn es nur ein paar Zeilen sind.
- Befrage deine Freunde und deine Familie dazu, was sie lustig finden. Meine Tochter liebt es, KI-generierte Jennifer-Coolidge-Parodien anzusehen. Ich persönlich finde sie nicht besonders lustig, aber meiner Tochter dabei zuzusehen, wie sie sich darüber vor Lachen kugelt, ist auch für mich urkomisch.
- Schau dir unterhaltsame Videos auf YouTube oder TikTok an. Meine Familie liebt Videos mit Tierbabys und Parodien von Pop-Hits.

WERKZEUG NR. 6

Heiße Erfolge willkommen

KAPITEL FÜNFZEHN

Teil davon, eine neue Realität für dich selbst zu erschaffen, ist es, deine Erfolge wirklich und aufrichtig willkommen zu heißen und zuzulassen, dass das Gute dich und dein Leben durchdringt. Wir tendieren dazu, unsere Erfolge und Gewinne abzublocken oder ihnen auszuweichen. Wir winken ab, widersprechen, weichen aus und schmälern unsere Leistung.

Vor allem, wenn du wie ich zukunftsorientiert bist, willst du möglicherweise immer direkt von einem Ziel zum nächsten weitereilen, ohne wirklich anzunehmen und anzuerkennen, wie großartig du bist oder was du bereits erreicht hast. An den eigenen Erfolgen vorbeizuhasten, verbannt uns in ein Mindset des Mangels anstatt in ein Mindset des Überflusses.

Im ersten Jahr, in dem ich als Romance-Autorin siebenstellig verdiente, hatte ich eine ganze Wagenladung Vorbehalte meinen Erfolgen gegenüber. Ich sagte Dinge wie: „Ja, aber das schließt auch meine Einnahmen als Co-Autorin ein." Anders gesagt, es war quasi mein Bruttoeinkommen, nicht mein Nettoeinkommen – ich musste noch Abgaben und Tantieme an meine Co-Autorinnen zahlen.

Meine Co-Autorin Lee Savino allerdings bestand darauf. „Na und? Es zählt! Dein Business *hat* dir über eine Million Dollar eingebracht!" Sie ermutigte mich, diesen Sieg einzufordern. Ihn zu zählen.

So etwas erlebe ich tatsächlich immer wieder. Leute erzählen von etwas Großartigem, was sie getan haben, und minimieren es dann im nächsten Satz. Hier ist ein Satz, den ich von mehr als einer befreundeten Autorin gehört habe: **„Ich habe die Filmrechte an meinem Buch verkauft, aber vermutlich wird der Film sowieso nie gedreht werden."**

Manchmal geschieht so etwas aus Selbstschutz – man will sich nicht zu sehr auf etwas freuen, was vielleicht nie passieren wird. Das verstehe ich. Aber bitte vergiss nicht – das ist dasselbe wie eine Geldblockade.

Die Angst davor, etwas zu besitzen und es dann wieder zu verlieren, ist so groß, dass sie uns davon abhält, es überhaupt erst zu versuchen.

Wir wollen nicht „unser Herz an etwas hängen" und es dann nicht bekommen.

DAS GEGENMITTEL

DAS GEGENMITTEL für dieses Dilemma ist es, *zu feiern, was und wo du gerade bist*. Für das Beispiel mit den Filmrechten würde das bedeuten, dass ich zu meiner Freundin sagen:

„Kannst du annehmen, wie unglaublich es ist, dass jemand der Meinung ist, dein Buch würde einen guten Film abgeben? Kannst du das feiern? **Empfange es wirklich und wahrhaftig.** Weißt du eigentlich, dass viele nur davon träumen, an diesen Punkt zu kommen? Und du hast es geschafft! Ja, vielleicht wird der Film nie gedreht, aber das liegt nicht daran, dass du oder dein Buch nicht gut genug sind. Abgesehen davon – wenn es einmal passiert ist, kann es wieder passieren. Deine Energie befindet sich bereits damit im Einklang."

Erkennst du, wie es ein Projekt zum Strahlen bringen kann, die Energie des Empfangens und Anerkennens von Erfolgen zu verkörpern? An der Energie „vermutlich wird der Film sowieso nie gedreht" festzuhalten, wird nichts als Enttäuschungen anziehen! Wenn du dich auf Enttäuschungen gefasst machst, bringst du deine Frequenz genau damit in Einklang. Du ziehst Enttäuschungen an und bist mit ihnen auf einer Wellenlänge.

Meiner Meinung nach wären die Chancen, dass der Film gedreht wird, höher, wenn die Autorin diesen Erfolg wirklich feiern und auf den Vibe aufspringen würde. Was, wenn sie schon ihr Outfit und die Valentino-High-Heels für den roten Teppich aussuchen würde? Und selbst, wenn der Film nicht gedreht wird, wird die Entscheidung, diesen ersten Erfolg zu feiern, noch lange Zeit später weitere Filmrechte, weitere Erfolge und weitere Siege anziehen.

Ich bin mir außerdem sicher, dass absolute, radikale Anerkennung für jedweden Ausgang der Geschichte ein magisches Heilmittel ist, das gegen Enttäuschungen impft. Wenn du die Enttäuschung, die es bedeuten würde, einen Herzenswunsch nicht zu bekommen, absolut anerkennen könntest – nur für zehn Sekunden – würdest du die Enttäuschung in dein Energiefeld absorbieren und integrieren. Sie könnte anschließend deine Manifestationen anfeuern. Die Energie, die es kostet, sich gegen Enttäuschungen zu wappnen, lenkt von der Energie ab, die dir bereits zur Verfügung steht, um dich auf das auszurichten, was du willst.

Im Januar 2024 erklärte ich es zu meinem Ziel, monatlich $300.000 durch meinen Online-Store einzunehmen. Damals machte dieses Ziel noch Spaß, aber innerhalb weniger Monate wurde es zu einer Last. Ich machte keinerlei Fortschritte. Tatsächlich sanken die Einnahmen aus meinem Online-Store sogar.

Doch anstatt mich entmutigen zu lassen, katalogisierte ich meine Gewinne. Die Anzeigen, mit denen ich für den Store warb, holten ihre Kosten problemlos rein. Außerdem lenkten sie Besucher auf die Seiten anderer Einzelhändler und erhöhten die allgemeine Sichtbarkeit meiner Bücher. Ich erreichte neue Leser*innen. Meine Newsletter-Liste wuchs an. Ich hatte mein Ziel noch nicht erreicht, dennoch besaß ich ein florierendes Geschäft.

Ich entschied mich, dieses $300.000-Ziel aus dem Fenster zu schmeißen, meine Energie zu öffnen und herauszufinden, was sonst noch möglich war.

Innerhalb weniger Monate sanken meine Store-Einnahmen in den Keller, aber meine Investmentrendite für die Anzeigen stieg an. Und die Einnahmen über andere Einzelhändler waren überhaupt nicht eingebrochen. Anders gesagt, mein Profit war gestiegen. Ich fuhr mit meiner Schattenarbeit fort und erkannte irgendwann, dass das äußerliche Ziel von $300.000 pro Monat nicht das gewesen war, was ich mir wirklich wünschte.

Aus diesem Grund ist das erste Werkzeug in diesem Buch „Finde die Frequenz“. Für mich war die Frequenz nicht die Summe in meiner Excel-Tabelle. Was ich wirklich wollte, war es, mich sicher in meiner eigenen Haut zu fühlen. Ich stellte Erfolg und Geld mit einem Gefühl der Sicherheit gleich. Es stimmt – Geld kann eine Menge Stress und Sorgen nehmen. Ich spüre nicht länger diesen Stein im Magen, wenn ich zum Tierarzt gehe und dort höre, dass meinem süßen Kätzchen alle Zähne gezogen werden müssen. Noch ergreift mich Panik, wenn die Kabel im Auto meiner Tochter von einem Marder durchgebissen werden. Ich weiß, dass ich alle unvorhergesehenen Rechnungen bezahlen kann. Geld vermittelt mir auch ein Gefühl der Wichtigkeit. Businessclass fliegen zu können, bedeutet, mit mehr Respekt behandelt zu werden. Man kann die Schlangen beim Einchecken überspringen und muss nicht verhungern, weil während des Flugs nur Salzbrezeln ausgeteilt werden und man eine Glutenunverträglichkeit hat. Man wird nicht wie Vieh behandelt.

Allerdings konnte ich all diese Erste-Welt-Probleme schon vor fünf Jahren beseitigen, als ich das erste Mal siebenstellig verdiente. Und genau aus diesem Grund konnten mich die Zahlen in der Excel-Tabelle auch nicht mehr begeistern. Ich hatte genug an meinem Selbstwert gearbeitet (Werkzeug Nr. 2), sodass ich nicht länger eine bestimmte Summe auf dem Konto haben musste, um mich wertvoll zu fühlen. Was ich wirklich wollte, war es, *entspannt* zu Reichtum zu kommen – und entspannt ist hier das Schlüsselwort. Noch immer interagierte ich auf eine Weise mit der Welt, bei der ich mich klein machte oder mich nicht gut genug fühlte. Die Schattenarbeit in diesem Buch durchzuführen, erlaubte mir, meine Scheu abzulegen. Mehr zu verkörpern. Mich meinen Ängsten zu stellen und daran zu glauben, dass ich mit jeder Situation umgehen kann, die sich mir in den Weg stellt.

Noch immer halte ich an der Intention fest, $300.000

pro Monat zu verdienen, aber ich habe die Verkniffenheit dieses Ziels gelöst, damit es nicht von Erwartungshaltungen oder vermeintlichen Misserfolgen runtergezogen wird.

MACHE ERFOLGE FEIERN zu einer Angewohnheit

GEWINNE UND ERFOLGE willkommen zu heißen, bedeutet, die kleinen Dinge zu feiern. Zolle dir Anerkennung für all die tausend kleinen Dinge, die du jeden Tag tust. Zolle dir Anerkennung dafür, wo du jetzt bist.

Jedes Mal, wenn du etwas manifestierst, vermerke den Gewinn. Feiere den freien Parkplatz, den du manifestiert hast. Und wenn du einen Cent von der Straße aufhebst, sage: „Danke, Universum – davon hätte ich gern mehr."

Diese Angewohnheiten versetzen dich in die Energie des Empfangens. Tue es nicht einfach als Zufall ab, sondern bestätige: *Ich habe das manifestiert.*

Wenn du Kinder hast, dann weise sie jedes Mal darauf hin, wenn sie etwas manifestiert haben. Erkenne laut an, wie mächtig sie sind. Wiederholungen sind wichtig. Wir glauben die Dinge, die wir immer und immer wieder hören – wir programmieren unser Gehirn neu, um uns mächtig zu fühlen und uns selbst anzuerkennen.

Wenn du deine Manifestationen jedes Mal benennst, wird es sich immer mehr so anfühlen, als ob überall um dich herum Magie stattfindet. Je mehr wir in Magie verweilen, umso mehr Möglichkeiten stehen uns offen.

Wir geben den Dingen Macht, auf die wir achten.

Wenn du dich also auf deine Erfolge konzentrierst,

anstatt deine Misserfolge oder Verluste zu katalogisieren, wirst du weitere Gewinne für dein Leben kuratieren.

Die *USA Today*-Bestsellerautorin Stella Moore hat ein wundervolles System entwickelt, um sich einerseits zu motivieren und andererseits ihre Erfolge zu feiern. Hinter ihrem Schreibtisch hat sie eine Reihe von kleinen pinken Moscato-Flaschen aufgestellt, und an jedem Flaschenhals hängt ein Etikett. „Ich habe auf jedes Etikett ein Ziel geschrieben, das ich bis zum Jahresende erreichen möchte. Während ich die Etiketten an den Flaschen festband, habe ich mit jedem Etikett und jedem Ziel wiederholt, wie einfach es für mich sein würde, weil meine Leser*innen hungrig nach meinen Büchern sind und diese Verkaufszahlen und Einkünfte daher problemlos zu mir kommen werden."

Wenn sie eins ihrer Ziele erreicht – beispielsweise ihren verkaufsstärksten Monat als unabhängige Autorin jemals – öffnet sie die Flasche und feiert den Erfolg mit ihrem Mann. Anschließend pinnt sie das Etikett an ihre Pinnwand, um das Erreichen ihres Ziels festzuhalten.

Stella hat das Feiern ihrer Erfolge zu einem Ritual gemacht, das sie sowohl motiviert als auch belohnt. Manche Erwachsenen strengen sich noch immer wahnsinnig für ein Goldsternchen (oder einen Dollarnoten-Sticker!) an, den sie in ihren Kalender kleben können, wann immer sie eine*n neue*n Klient*in gewinnen oder Umsätze erzielen. Manche Leute lieben es einfach, Kästchen abzuhaken.

Einige von uns haben einen kleinen Lob-Fetisch. Wie kannst du dich selbst loben, wenn du an einer neuen Schwelle ankommst, ein Projekt beendest oder ein neues Geld-Ziel erreichst? Könntest du ein Ritual etablieren, das all deine Erfolge auf deinem Weg feiert – große wie (ganz besonders!) kleine?

. . .

Liebe beflügelt

LIEBE in ein Projekt oder ein Unternehmen zu schütten, wird es in etwas Magisches verwandeln. In meinem Buch *Schreib dich reich* habe ich detaillierter darüber geschrieben, dass ich persönlich es hilfreich finde, meinen Büchern aus einem Zustand der Liebe heraus zu begegnen. Es versetzt mich in die passende Energie, sie zu schreiben und zu vermarkten.

Was, wenn du es zu deinem erklärten Ziel machen würdest, Spaß an deiner Arbeit zu haben und zu wissen, dass das Geld folgen wird? Deine Schöpfungen mit Liebe zu überschütten und sie aufblühen zu lassen?

In ihrem Buch *Die Macht der Liebe* erklärt Dr. Barbara Fredrickson, Professorin für Psychologie, dass Liebe Menschen beflügelt. Sie definiert Liebe als Mikromomente menschlicher Verbindung. Für eine Studie ließ sie die Teilnehmer*innen jeden Tag drei dieser Mikromomente der Verbindung mit anderen Menschen aufschreiben. Parallel dazu füllten sie eine Checkliste zu ihren Emotionen aus. Dr. Fredrickson fand heraus, dass der einfache Akt des Aufschreibens dieser Mikromomente die Teilnehmenden mit der Zeit glücklicher werden ließ.

Gehe mit dem Ziel durch den Tag, dich und deine Projekte zu lieben. Im Flow-Zustand der Liebe kannst du mehr Spaß an deiner Arbeit haben. Er öffnet Orte, an denen du zugemacht hast, und ermöglicht dir besseren Zugang zu deiner Kreativität.

Beginne damit, diese Mikromomente der Liebe zu bemerken und wahrzunehmen, und schaue dann, wo sie dich hinführen. Weil Liebe beflügelt, vermute ich, dass du nicht nur mehr dieser Mikromomente der Verbindungen mit anderen Menschen erfahren wirst, sondern auch mit Liebe für dein Zuhause, deine Tiere und deine Umgebung resonieren wirst.

KAPITEL SECHZEHN

Es ist keine Dankbarkeitsliste

DER HÄUFIGSTE RAT für Manifestation ist es, eine Dankbarkeitsliste zu führen. Der Grund dafür ist der, dass der energetische Zustand von Dankbarkeit der des Empfangens ist. Er vermittelt eine offene Qualität, eine Qualität des Überflusses. Wenn du also die Vibration von Dankbarkeit verkörperst, verkörperst du auch Überfluss. Du wirst zum energetischen Gegenstück allen Überflusses.

Das klingt ziemlich einfach, und manche Menschen sind tatsächlich unglaublich gut darin, Gefühle der Dankbarkeit emporzurufen. Für mich allerdings fühlt sich eine Dankbarkeitsliste immer an wie ein „sollte", und die Aufgabe fühlt sich schwer an. Vermutlich vermische ich es auch immer mit einer Prise Schuldgefühlen und denke: *Ich sollte dankbar sein! Ich lebe in einem Erste-Welt-Land. Ich habe fließendes Wasser. Meine Kinder sind gesund und glücklich. Warum bin ich nicht dankbarer?*

Es ist einfach, dankbar zu sein, wenn man bereits hat, was man will. Doch wenn du in einem Sumpf ungewollter Dinge feststeckst und versuchst, diese Realität zu ändern, kann sich das anfühlen, wie mit dem Kopf durch eine Wand rennen zu wollen.

Ich ziehe es vor, mich selbst in die Frequenz der Dankbarkeit und des Empfangens zurückzubringen, indem ich die Sache von einem energetischen Standpunkt aus angehe. Der übliche, direkte Weg wäre es, eine Dankbarkeitsliste zu schreiben und dadurch Gedankenmuster und emotionale Zustände zu ändern, indem man sich nach und nach in die Schwingung der Dankbarkeit hineinarbeitet.

Die Entwicklung im Rückschluss hingegen spielt mit der Energie, die unter all dem verborgen liegt, ruft die Schwingung von Überfluss, Einheit und All-Sein ab und verändert dadurch schließlich Gefühle und Gedanken.

Beide Methoden funktionieren.

In meiner Erfahrung ist es schneller und sauberer, auf der Energieebene zu arbeiten. Wichtig ist nur, dass man dabei nicht die eigenen Gedankenmuster und Gefühle außer Acht lässt, die diesen Widerstand überhaupt erst hervorgerufen haben. Ansonsten wird es nicht funktionieren.

An dieser Stelle kommt das Annehmen von Erfolgen ins Spiel. Du hast ein neues Gefühl des Feierns für deine bisherigen Erfolge und das, was du bist, kultiviert. Du erinnerst dich daran, was du bereits geschafft hast. Wie großartig du bist.

Hier ist meine kurze Meditation, um deine Frequenz zu ändern und Erfolge willkommen zu heißen:

. . .

Einheit-Meditation

1. Lass deine Schutzbarrieren fallen (stelle dir vor, wie die Mauern um dich herum zerbröckeln).

2. Stelle dir einen Lichtkreis rings um dich herum vor, der etwa einen Meter in jede Richtung ausstrahlt. Ist es eine Kugel? Oder ist er unförmig? Hat der Kreis Dellen? Ist er an einer Stelle eingefallen? (Verurteile nichts. Beobachte einfach.)

3. Weite dein Bewusstsein eine Million Kilometer in jede Richtung aus. Stelle es dir wie eine immerwährende Ausweitung vor – sie geht bis in die Unendlichkeit weiter.

4. Schwinge in diesem Raum der Weite. Achte auf die Verbindungen, die du fühlst. Inwiefern bist du Teil der „Einheit" oder des „All-Seins"? In diesem Raum hast du Zugriff auf alles. Die Antwort auf jede Frage. Jede Energie, die du aufrufen willst (Liebe, Erfolg, Ruhm, Überfluss, Freiheit, Lust). Du musst nichts weiter tun, als sie zu dir zu rufen und damit zu resonieren.

5. Erinnere dich daran, dass das, womit du im Einklang sein willst, in deinem Leben auftauchen wird. In Vergnügen zu schwelgen, wird dir also weitere Dinge bescheren, die dir Freude bereiten.

6. Achte jetzt auf deine Gedanken und Gefühle. Empfindest du das Gefühl unendlicher Möglichkeiten? Ist das Konzept von Begrenzung aufgelöst? Wie liebend / dankbar / voller Freude fühlst du dich?

7. Mach dir bewusst, dass dieser Zustand DU bist. DU bist dieser unendliche Ort. Diese unendliche Weisheit. Dieses wunderschöne Lichtwesen. Du bist nicht deine limitierenden Glaubenssätze oder das persönliche Konstrukt, aus dem heraus du so oft agierst. Du bist so viel mehr. Du bist eine Göttin / ein Gott. Ein Wesen von unendlichem Ausmaß.

8. Wiederhole diese Meditation oft und im Laufe des Tages. Jedes Mal, wenn du dich „weniger als" fühlst. Jedes Mal, wenn dich deine Gedanken runterziehen. Jedes Mal, wenn du mehr willst. Das ist der Raum des Empfangens.

AKTUALISIERE **einen traumatisierten Teil deines Ichs, indem du Erfolge teilst**

OFTMALS GIBT es einen Teil in uns, der noch immer in einer traumatischen Vergangenheit lebt. Vielleicht war das Geld knapp, als du ein Kind warst, und du hast die Sorge deiner Eltern über Grundbedürfnisse wie Essen oder ein Dach über dem Kopf aufgesaugt. Oder ein*e Dozent*in hat dir gesagt, du hättest nicht das Zeug für einen Masterstudiengang (ist mir passiert). Oder du wurdest nicht zu diesem Masterstudiengang zugelassen, für den du dich beworben hast. Möglicherweise hältst du auch das Business, das du gestartet hast und wieder schließen musstest, für einen persönlichen Misserfolg.

Im Augenblick des Traumas ist ein Teil deines Ichs in die Bresche gesprungen, um dich vor weiteren, zukünftigen

Schmerzen zu bewahren. Jetzt beschützt dieser Teil dich vielleicht, indem er dich davon abhält, die nötigen Schritte zu gehen, um dein Ziel zu erreichen. Er will nicht, dass du dir zu viele Hoffnungen machst oder „Gefahr" läufst, wieder zu versagen. Dazu kommt noch die Tatsache, dass das Gehirn nicht unterscheiden kann, ob du Gefahr läufst, einen Kurs anzubieten, der nicht genug Teilnehmer*innen findet, oder von einem Tiger gefressen zu werden. So oder so, es kann dein Nervensystem in absolutes Chaos stürzen. Wenn du zulässt, dass es dich mit seinem angstgesteuerten Schutz leitet, wirst du diesen Kurs vermutlich nie starten. Oder bestenfalls startest du ihn voller Angst, gesehen zu werden, was wiederum dafür sorgen wird, dass du nicht die perfekten Kund*innen gewinnst. Dieser ängstliche Teil in dir hält dich aktiv davon ab, die Dinge zu bekommen, die du dir wünschst.

Wenn ich bemerke, dass ich von etwas oder jemandem getriggert werde, hängt das normalerweise mit dem beschützenden Teil meines Ichs zusammen (wie meine Wutschnauberin aus dem „Schlafe dich zum Erfolg"-Abschnitt). Manchmal kann es einen Trigger schon deaktivieren, sich einfach nur mit diesem Teil zu verbinden und ihm zu zeigen, dass er nicht in diesem für ihn schwierigen Alter eingefroren ist. Ich zeige meiner Wutschnauberin, dass ich jetzt erwachsen bin. Ich bin erfolgreiche Autorin und Coachin, die als Rednerin zu Konferenzen eingeladen wird. Ich habe Freunde und eine Familie, die mich lieben.

Manchmal ist da auch ein Teil in dir, der von generationenübergreifendem Trauma oder einem Trauma aus einem vergangenen Leben geheilt werden muss. Beispielsweise habe ich mit einem Teil meines Ichs gearbeitet, der sich für mich immer wie eine zugeschnürte Kehle angefühlt hat. Als ich fragte, ob es ein Teil aus diesem Leben oder einem vergangenen sei, hörte ich: aus einem vergangenen. Ich fragte, was sie mir mitteilen wolle.

Sie war sehr aufgewühlt und regelrecht panisch, bis ich ihr gestattete, ihre Ängste auszudrücken. Immer wieder sagte sie zu mir: „Gefahr, Gefahr." Als ich genauer hinhörte, stellte sich heraus, dass sie Angst davor hatte, ich würde erwürgt werden, wenn ich freimütig meine Meinung äußerte, insbesondere Männern gegenüber. In einem vergangenen Leben war das ihre Erfahrung gewesen. Kein Wunder, dass ich früher immer wieder meinen Mund gehalten habe! Kein Wunder, dass ich es als Kind nicht ausstehen konnte, wenn man meinen Hals anfasste.

Ich dankte ihr dafür, mir gezeigt zu haben, was passiert war, und zeigte ihr mein heutiges Leben. Ich ließ sie sehen, dass wir im einundzwanzigsten Jahrhundert leben. Ich besitze ein Haus, kann wählen und mein eigenes, erfolgreiches Business leiten. Ich lebe nicht mit aufbrausenden Männern zusammen, die mich erwürgen könnten. Und ich erklärte ihr, dass ich Krav-Maga-Kurse besucht habe, und versicherte ihr, dass ich mich nicht in Situationen begab, in denen es mich umbringen würde, meine Meinung zu sagen.

Sie entspannte sich merklich. Meine Wahrnehmung war es, dass sie schon mein ganzes Leben über versucht hatte, mir diese Botschaft zu übermitteln. Sobald sie ihre Warnung aussprechen konnte und das Gefühl hatte, ich nahm sie ernst und dass es mir gut geht, konnte sie weiterziehen oder mir auf eine andere, förderlichere Art und Weise unterstützen.

Im Abschnitt über das Werkzeug „Schmerzen austreiben" werden wir mehr über die Arbeit mit unseren Schattenseiten und ihre Integration sprechen. Das hier vorgestellte Werkzeug, Erfolge zu feiern, ist eine effektive Methode, um die Teile deines Ichs auf den neusten Stand zu bringen, die vielleicht noch in der Vergangenheit feststecken. Mache die Meditation, um dich mit einem verletzten Teil deiner Vergangenheit zu verbinden und ihm von deinen aktuellen Erfolgen zu erzählen.

Ich möchte dich kurz daran erinnern, dass dieses Buch nicht dazu gedacht ist, eine*n professionelle*n Therapeut*in zu ersetzen. Die Zusammenarbeit mit einer*m lizenzierten Therapeut*in, die oder der auf interne Familiensystem oder Rapid Resolution Therapy® (RRT) spezialisiert ist, ist eine gute Möglichkeit, um diese Arbeit im Detail zu erforschen.

MEDITATION: **Teile deine Erfolge mit deinem vergangenen Ich**

1. Lass deine Schutzbarrieren fallen (stell dir vor, wie die Mauern um dich herum zerbröckeln).
2. Weite dein Bewusstsein eine Million Kilometer in jede Richtung aus. Stelle es dir wie eine immerwährende Ausweitung vor – sie geht bis in die Unendlichkeit weiter.
3. Rufe dein Höheres Ich an. Stelle es dir wie eine Lichtkugel vor, die von oben auf dich herabsinkt und dich ganz und gar einhüllt.
4. Jetzt lade jeden Teil oder jeden Aspekt deines Ichs ein, der sich im Widerstand befindet oder von etwas getriggert wird. Wenn du nicht schon mit einer konkreten Idee gestartet bist, achte einfach darauf, was sich zeigt.
5. Wo in deinem Körper spürst du diesen Teil?

6. Wie alt ist dieser Teil? Wie alt warst du, als er sich geformt hat? Stammt er aus diesem Leben oder einem anderen?

7. Wenn es eine bestimmte Erinnerung gibt, die du mit dem Auftauchen dieses Teils verbindest, dann bitte ihn, dir zu zeigen, was er erfahren hat oder was er glaubt.

8. Danke diesem Teil dafür, dir diese Erinnerung zu zeigen und seinen Glauben zu teilen. Danke ihm dafür, dich beschützen und vor Gefahr warnen zu wollen.

9. Zeige diesem Teil, was du alles erreicht hast. Zeige ihm, welches Jahr es ist. Dass du mittlerweile erwachsen bist. Dass du eine erfolgreiche, wundervolle Person bist, die viel erreicht hat. Zeige ihm eine Handvoll deiner Erfolge, auf die du besonders stolz bist.

10. Lasse ihn erkennen, dass seine Angst unbegründet ist. Wenn es ein Teil deines Ichs aus der Kindheit ist, zeige ihm, dass du erwachsen bist und Handlungsmacht hast. Du kannst nicht länger mitgezerrt oder misshandelt oder beleidigt werden. Zeige ihm deine Erfolge. Wenn dieser Teil aus einem anderen Leben stammt, zeige ihm die Realität, in der du im Hier und Jetzt lebst.

11. Jetzt frage, ob dieser Teil bereit ist, einen Schritt zurückzutreten und dir die Führung zu überlassen. Oder ob er einen anderen Weg finden kann, um dich zu unterstützen. Sage ihm, dass du nicht einmal wissen musst, was für ein Weg das sein könnte.

12. Wenn du das Gefühl bekommst, dass du seine Zustimmung hast, frage, ob es noch andere Teile in dir gibt, die etwas sagen wollen oder die Angst haben, dass nach dieser Aktualisierung Gefahr droht. Wenn das der Fall ist, arbeite auch mit diesen Teilen den gerade beschriebenen Prozess durch.

13. Wenn du fertig bist, danke all diesen Teilen deines Ichs. Du wirst bemerken, wie sich Weite einstellt, wenn dein Höheres Ich die Führung und Leitung übernimmt. Es ist ein Gefühl bedingungsloser Liebe, von Dankbarkeit und Überfluss. Kannst du spüren, wie relevant und wichtig es war, sicherzustellen, dass alle Teile deines Ichs einverstanden damit sind, deine Erfolge willkommen zu heißen? Wie viel ermächtigter und vollkommener fühlst du dich, wenn du ganz und gar empfangen kannst, wo du nun stehst und wozu du fähig bist?

DIE ROSAROTE BRILLE

ES GIBT EINE METHODE, jeder beliebigen Situation entgegenzutreten, die dein Energiefeld entweder für unendliche Möglichkeiten öffnen oder es zusammenfallen lassen wird. Erfolge willkommen zu heißen, weitet und öffnet. Du suchst nach allem, was richtig läuft, und feierst es, nicht nach dem, was schiefläuft. Das meine ich, wenn ich sage, dass du eine rosarote Brille aufsetzen sollst.

Ich sollte darauf hinweisen, dass wir es nicht auf toxische Positivität abgesehen haben. Es geht nicht darum, Gefühle der Abneigung und des Missfallens wegzudrücken. Noch geht es darum, vor Situationen die Augen zu verschließen, die nicht in deinem höchsten Interesse oder ungesund sind. Du sollst dich nicht einer Gehirnwäsche unterziehen und behaupten, etwas Schlechtes wäre gut. Glaube mir, das habe ich zur Genüge getan. Als junge Erwachsene habe ich Abraham-Hicks' Philosophien übernommen und wurde infolgedessen sehr gut darin, meinen Kopf in den Sand zu stecken, wenn etwas nicht funktionierte. Wenn mir etwas nicht gefiel, habe ich es nicht beachtet und inständig gehofft, es würde einfach von selbst verschwinden. Viele der Werkzeuge in diesem Buch zielen darauf ab, das Licht anzuknipsen, unter den Teppich zu blicken und die Leichen aus dem Keller zu holen, damit all diese Schattenseiten in uns in unser vollständiges Ich integriert werden können.

Folge deinem Bauchgefühl, deinem eigenen Bewusstsein dafür, ob etwas angegangen werden muss oder ob es einfach verschwindet, wenn du es nicht länger beachtest.

Gleichwohl kann dir die rosarote Brille dabei helfen, in einem Zustand der Weite zu verweilen.

VOR EINIGER ZEIT wurde ich zu einer Signier- und Leseveranstaltung für Dark-Romance-Bücher in Frankreich eingeladen. Mir wurde gesagt, ich wäre eine der Autorinnen, für die Tickets erworben werden müssten, und dass die Organisatoren der Veranstaltung meinen Flug und mein Hotel bezahlen würden. Wie du dir vorstellen kannst, fühlte ich mich geehrt. Es war das erste Mal, dass ich als Ticket-Autorin auf einer Konferenz war. Falls du nicht weißt, was das bedeutet: Die Organisatoren der Veranstaltung rechnen damit, dass man als Autor*in so viele Besucher*innen an seinen Tisch lockt, dass sie Tickets ausgeben müssen, um die Menschenmassen zu kontrollieren.

Allerdings wirkte die Energie rund um die Veranstaltung ziemlich chaotisch. Mein sechster Sinn sagte mir, dass irgendetwas nicht stimmte. Vor allem, als es bei der Zustellung meines Flugtickets eine Verzögerung nach der anderen gab. Nur zwei Wochen vor der Veranstaltung war ich mir noch immer nicht sicher, ob ich auch wirklich daran teilnehmen würde.

Also überprüfte ich mein Bauchgefühl und schrieb direkt nach dem Aufwachen in mein Tagebuch, um herauszufinden, was ich tun soll. Mir wurde bewusst, dass die Veranstaltung das sein würde, was ich daraus machte. Dass ich recht damit hatte, dass etwas „nicht stimmte", aber wenn ich mich entschied, hinzufliegen, könnte ich etwas Wundervolles erleben.

Also kaufte ich mein eigenes Flugticket (auf das Versprechen hin, es würde mir erstattet werden), und flog nach Frankreich. Wenn man sich nun die graue Brille aufsetzen wollte, könnte man eine Menge Dinge sehen, die schiefgingen. Auf dem Hinflug ging mein Gepäck verloren. Wir wurden am Flughafen nicht abgeholt, obwohl man es uns versprochen hatte. Ich spreche kein Französisch, was mich supernervös machte, auf die Suche nach meinem verlorenen Koffer zu gehen und irgendwie zum Hotel zu kommen. Die Veranstaltung selbst wurde von einer Flut weiterer, gebrochener Versprechen heimgesucht, insbesondere den freiwilligen Helfer*innen und Besucher*innen gegenüber. Mein „glutenfreies" Mittagessen war ein Nudelsalat, also aß ich den ganzen Tag nichts als zwei Tüten Kartoffelchips. Ohne mein Gepäck hatte ich keine meiner Bücher oder üblichen Merch-Artikel dabei, mit denen ich meinen Tisch dekorieren konnte. Mir kam ein Chor von Beschwerden zu Ohr, sowohl von Besucher*innen als auch von Autor*innen und freiwilligen Helfer*innen, der sich bis zum Ende der Veranstaltung in ein ohrenbetäubendes Crescendo verwandelt hatte. Tatsächlich hörte ich später, dass Ticketkäufer*innen sogar Klage gegen die Veranstalter eingereicht hatten. Und wie du vermutlich schon erraten hast, wurde mir mein Flugticket nicht erstattet.

Für mich persönlich allerdings war es eine unglaubliche Erfahrung.

Da ich im Vorfeld schon die Botschaft bekommen hatte, diese Reise durch meine Einstellung in etwas Großartiges verwandeln zu können, war ich genau darauf programmiert. Ich trug permanent meine rosarote Brille. Wie durch ein Wunder war ich auf denselben Flug gebucht wie Natasha, eine andere englischsprachige Autorin und Ehrengast der Veranstaltung. Zufälligerweise gab es in Natashas Familie einen kurzfristigen Notfall, sodass ihr Mann sie nicht nach Frankreich begleiten konnte. Also saß ich auf dem Flug neben ihr. Sie begleitete mich bei der Suche nach meinem verlorenen Gepäck, leistete mir Beistand, als wir am Flughafen nicht abgeholt wurden, und half mir, diese stressigen Situationen in einem fremden Land mit Leichtigkeit zu navigieren.

Im Hotel wurden wir von den Veranstaltern empfangen, die für unsere Hotelzimmer bezahlten und uns beim Ankommen halfen. Da ich nichts zum Anziehen hatte, gingen wir in Toulouse ein hübsches Outfit shoppen, das ich beim Signieren tragen konnte – auch alles andere als ein Drama. Natasha stellte mich Charmaine vor, einer weiteren englischsprachigen Autorin auf der Veranstaltung, und wir gingen mit ihr und ihrem Mann essen und hatten einen wundervollen Abend. Charmaines Mann ist Franzose, also waren die Restaurantbesuche an diesem Wochenende ein Kinderspiel und er stellte sich als ein wundervoller Botschafter für uns heraus.

Die Veranstaltung selbst war ebenfalls fabelhaft. Dass Leser*innen an meinem Tisch Schlange standen, war ein wahr gewordener Traum. Mir wurde eine wundervolle, persönliche, ehrenamtliche Dolmetscherin zur Seite gestellt, die noch immer eine Freundin ist. Natasha, Charmaine und ich waren die einzigen englischsprachigen Autorinnen, was uns schlagartig zusammenschweißte, und wir verbrachten ein herrliches Wochenende zusammen. Auch wenn ich das Geld für mein Flugticket nie wieder sah, musste ich weder für meinen Tisch bei der Veranstaltung noch für mein Hotel bezahlen, was bei allen anderen Veranstaltungen dieser Art der Fall ist.

Jetzt könntest du natürlich argumentieren, dass meine rosarote Brille keinerlei neue Möglichkeiten für mich erschaffen hat. Sie hat bloß meine Perspektive verändert. Immerhin sind eine Menge Dinge schiefgelaufen.

Doch stell dir nur einmal vor, ich hätte meine graue Brille aufgesetzt. Ich wäre bereits vollkommen verstimmt am Hotel angekommen, verärgert darüber, dass wir nicht wie versprochen abgeholt worden waren. Ich hätte mich beschwert oder die Märtyrerin gespielt, weil ich neue Anziehsachen und alle anderen Notwendigkeiten einkaufen musste. Das Abendessen hätte mit Sicherheit unter meiner Stimmung gelitten. Vielleicht hätte ich mich sogar dagegen entschieden, mit fremden Menschen essen zu gehen, und hätte infolgedessen keine neuen Freundinnen kennengelernt. Ich hätte das ganze Drama, das sich aufgrund der schlechten Organisation während der Veranstaltung um mich herum abspielte, aufgesogen und verströmt. Und vermutlich wäre ich erschöpft und frustriert nach Hause zurückgekehrt, anstatt belebt und erfüllt.

Ich glaube, dass meine Erwartung, von dieser Reise zu profitieren, dazu beigetragen hat, dass ich nach Erfolgen und Gewinnen Ausschau hielt. Ich hieß die Erfolge willkommen, anstatt über Niederlagen und Dämpfer Buch zu führen. Mein Energiefeld war offen, und ich konnte Freundschaften, Verbindungen und eine wundervolle Erfahrung empfangen, die ich für den Rest meines Lebens wertschätzen werde.

Diese rosarote Brille zu tragen, versetzt dich in den energetischen Zustand des Empfangens. Es signalisiert dem Universum, dass du mehr Erfolge sehen möchtest. Du wirst buchstäblich das erschaffen, wonach du Ausschau hältst. Wenn du also Verluste und Misserfolge notierst, wirst du dadurch neue Misserfolge erschaffen. Wenn du Gewinne verzeichnest, wirst du mehr Gewinne erfahren. Du bekommst immer das, worauf du dich konzentrierst.

SUCHE NACH VERGNÜGEN

EINE DER SÄULEN der somatischen Praktik, die ich unterrichte – die Feldenkrais®-Bewegungsmethode – ist es, den Schüler*innen Aufforderungen zu geben, während sie eine Sequenz angeleiteter Bewegungen ausführen. „Suche nach dem Vergnügen" oder „Wie kannst du diese Bewegung vergnüglicher machen?" Die Idee dahinter ist, dass schon das Suchen nach Vergnügen ein Signal an das Gehirn sendet, die Bewegungen auf eine Art durchzuführen, die möglichst ergonomisch ist und am wenigsten Energie verbraucht. Das Schöne daran ist, dass du als Schüler*in gar nicht wissen musst, was die ergonomischste Methode ist. Anders als bei der Alexander Technik®, bei der der Lehrer eine ganze Stunde damit verbringen kann, einem Schüler die „richtige" Kopfhaltung beim Aufstehen und Hinsetzen beizubringen, muss der Feldenkrais-Schüler nichts wissen oder lernen. Sein Körper hat bereits Zugriff auf diese Weisheit. Es ist das Nervensystem, das lernt.

Wenn du deinem Körper die Ansage machst, sich sehr anzustrengen, dann ist er auf Anstrengungen ausgerichtet. Muskeln werden sich überanstrengen und arbeiten, obwohl sie gar nicht gebraucht werden, etwas, das Dr. Feldenkrais „parasitäre Bewegungen" nennt. Diese unnötigen Muskelkontraktionen kämpfen gegen die normale Bewegung an und verlangsamen sie, was zu Schmerzen, Verspannungen und Unbeweglichkeit führt.

Du verstehst sicherlich, dass ich hier einen Vergleich ziehe, richtig?

Das Unterbewusstsein ist wie ein Körper. Manchmal überarbeitet es sich. Es ist für Anstrengung programmiert. Es versucht, uns vor den Tigern zu beschützen, die uns in der Mittelstufe gebissen haben. Wenn wir es allerdings darum bitten, nach Vergnügen Ausschau zu halten, wird es dieses Vergnügen auch finden. Es wird nach Leichtigkeit Ausschau halten. Es wird den Weg des geringsten Widerstands wählen. Du wirst in der Lage sein, die Aufgaben auf deiner To-do-Liste aus einem Gefühl der Kreativität heraus abzuhaken, nicht aus einem Gefühl des Drucks heraus.

Wenn du nach Vergnügen suchst, wir das Universum alles, womit du in Kontakt kommst, entsprechend anordnen.

Wenn ich das Gefühl habe, festzustecken oder blockiert zu sein, stelle ich mir die Frage: „Wie kann das vergnüglicher werden?" Das Universum wird jede deiner

Fragen beantworten, indem es dir die Energie deiner Frage zeigt. Wenn du dich also fragst: „Warum ist das so schwer?", wirst du mehr *Das ist schwer* in deinem Leben finden.

Nach Spaß und Vergnügen zu suchen, nimmt deinen konkreten Zielen den Druck. Und wenn Vergnügen das ist, wonach du Ausschau hältst, dann wird das Ganze zu einem multisensorischen Unterfangen. Du suchst in deinem Körper, deiner Umgebung und in deinem Handeln nach Vergnügen. Du öffnest weiteren Möglichkeiten Tür und Tor, die vergnüglicher sind als deine aktuellen Möglichkeiten. Das Universum wird dir Leichtigkeit zeigen. Vielleicht präsentiert es dir sogar alles, was du dir wünschst, auf dem sprichwörtlichen Silbertablett!

Nutze produktive Fragen

DEIN GEHIRN und das Universum werden dir Antworten auf alles liefern, egal, wonach du suchst. Abgesehen von der Frage: „Wie kann das vergnüglicher werden?", könntest du Fragen stellen wie:

- Warum bin ich so produktiv?
- Seit wann bin ich eigentlich so sexy?
- Warum liebt jede*r meine Arbeit?
- Was ist in dieser Situation noch möglich?
- Wann und warum sind meine Tage voller Inspiration?
- Warum finde ich überall neue Freund*innen?
- Warum lieben und unterstützen mich so viele Menschen?

- Wie wurde ich so gut darin, Geld zu verdienen und zu empfangen?

DIESE BEKRÄFTIGENDEN, produktiven Fragen implizieren, dass du bereits erfolgreich in dem bist, was du erreichen willst (anstatt dich dafür fertigzumachen, es noch nicht erreicht zu haben). Weil sie als Frage formuliert sind, nicht als Behauptung oder Affirmation, bewegen sie sich unter dem Radar und lösen weder bewussten noch unbewussten Widerstand in dir aus. Stattdessen wird dein Gehirn davontrotten und nach der Antwort auf diese Frage suchen! Deine Energie wird mit dem, was du dir wünschst, in Einklang kommen, und das Universum wird es dir überbringen.

Manchmal, wenn ich in einer Schlussfolgerung darüber feststecke, warum die Dinge sind, wie sie sind (meistens, warum sie einfach furchtbar sind), wiederhole ich diese Frage: „Was ist in dieser Situation noch möglich?" Diese Frage immer wieder zu stellen, wird die Energie der Situation mit jedem Mal leichter machen, bis ich anfange, Möglichkeiten zu erkennen, die ich bisher nicht in Erwägung gezogen hatte.

STELL DEIN LICHT nicht unter den Scheffel, um dich oder andere zu schützen

WENN WIR UNS NICHT GESTATTEN, zu empfangen, hat das teilweise mit Beziehungen zu tun. Ich habe bei meinem ersten siebenstelligen Erlös nicht gezögert, „aber das schließt die Gewinne meiner Co-Autorin ein", zu sagen, nur für den Fall, dass *irgendjemand* nachhaken und feststellen würde, dass meine Erfolge nicht zählen. In Erwartung von Verurteilung und Kritik minderte ich meinen Erfolg vorsichtshalber.

Uns wird beigebracht, unsere Leistungen zu schmälern. Wir wollen nicht stolz oder arrogant wirken. Stolz ist eine Todsünde, oder? Vielleicht wurdest du so erzogen, dass du dich dafür schämst, stolz zu sein. Oder du hast das Gefühl, als würdest du prahlen. Jedoch erklärt Dr. Barbara Fredrickson in ihrem Buch *Die Macht der guten Gefühle*, dass Stolz wissenschaftlich bewiesen einen wundervollen biologischen Zweck erfüllt – er spornt uns zum Handeln an. **Stolz ist ein Katalysator, um deine zukünftigen Wünsche Wirklichkeit werden zu lassen.**

Außerdem schmälerte ich meine eigenen Erfolge, damit sich andere aus meinem Freundes- und Kolleg*innenkreis, die noch nicht siebenstellig verdienten, nicht schlecht fühlten. Ich glaube, als Frauen sind wir so sozialisiert. Wir sind freundliche, fürsorgliche, mitfühlende Menschen. Keine von uns will, dass unsere Erfolge unsere Freund*innen verletzten. Sogar diejenigen unter uns, die extrem ehrgeizig sind, wollen unsere engsten Freund*innen davor beschützen, sich in unserer Gegenwart „weniger als" zu fühlen.

Die Krux ist nur – deine eigenen Erfolge zu schmälern, hilft niemandem.

Muss ich das noch einmal sagen? Besser wär's. **Die Essenz deines *Ichs* zu schmälern, hilft niemandem.**

Dein Licht unter den Scheffel zu stellen, es zu verstecken, zu dämpfen, zu beschneiden und so zu tun, als würde es nicht so hell strahlen, wie es strahlt – nichts davon hilft dir oder deiner Gemeinschaft.

Tatsächlich ist es sogar ein positiver Beitrag für alle, wenn du geheilt und aus einer wirklichen Anerkennung für deinen Wert und deine Erfolge – so klein sie auch sein mögen – heraus agierst. **Dein Erfolg zeigt anderen die Richtung an.** Zu wissen, dass die Menschen in meinem Umkreis in der Lage waren, die Top 25 bei Amazon zu knacken, siebenstellig zu verdienen und die Rechte an ihren Büchern an Filmproduzenten zu verkaufen, ließ es auch für mich möglich und machbar erscheinen. Aber ich wusste auch, wie ich die Erfolge meiner Freund*innen energetisch einsetzen musste, um meine eigenen Erfolge anzutreiben. Ihre Gewinne schaden mir nicht, weil ich ihnen nicht mit Widerstand begegne. Ich feiere sie wie meine eigenen, und dadurch habe ich an ihrer Erfolgsenergie teil. Ich passe mich ihnen an. Dieses Konzept werde ich später in diesem Kapitel noch genauer erklären.

Das ist natürlich etwas ganz anderes, als unsere eigenen Erfolge zur Schau zu stellen, um unseren Wert zu beweisen. Ich werde nicht so tun, als hätte ich das nie getan. Doch auch dieses Verhalten entsteht aus einem Gefühl des Mangels heraus. Wenn ein wesentlicher Teil deines Ichs glaubt, er habe keinen Wert, bis du ein bestimmtes Ziel erreichst – wie beispielsweise diese Million Dollar – dann hast du möglicherweise das Gefühl, du müsstest es an die große Glocke hängen, um andere zu beeindrucken. Wenn ich feststelle, dass ich selbst in dieses Verhalten verfalle, dann registriere ich es als Energie der „Fassade". Ich akzeptiere es als einen Hinweis an mich selbst, dass mein Selbstwertgefühl hier und da noch heilen muss. Wenn du vermutest, dass du deine Erfolge nutzt, um ein Loch in dir zu stopfen oder dich wertvoll zu fühlen, dann wende etwas Zeit für Werkzeug Nr. 2 auf, um das anzugehen.

Andererseits habe ich auch immer wieder festgestellt, wie ich mein eigenes Leuchten gedimmt habe. Ich habe so getan, als wüsste ich weniger über eine bestimmte Sache, als es eigentlich der Fall war. Ich verhielt mich weniger selbstsicher. Vor allem in Gegenwart von Männern. Ich würde nicht sagen, dass ich mich dumm gestellt habe, aber da war definitiv ein Teil in mir, der sich kleingemacht hat, damit andere sich größer fühlen oder erscheinen konnten. Ich ließ sie Entscheidungen treffen oder mir Vorträge darüber halten, wie Dinge zu sein hatten und zu tun waren. Das war Teil des Unterwürfigkeits-Fetisches. Doch dass ich mich nicht in meiner ganzen Herrlichkeit gezeigt habe, hat zu einer Verzerrung in der Beziehung geführt. Es vermittelte den Eindruck, ich würde etwas zurückhalten – was ich auch tat! Und ich war verbittert, wenn die Dinge nicht so liefen, wie ich gehofft hatte, obwohl ich diejenige war, die sich entschieden hatte, nicht zu führen.

Deine Erfolge zu feiern, muss nicht laut und prahlerisch sein. Es kann ganz privat sein. Für mich fühlt sich der Zustand des Empfangens an, als ob ich mein Energiefeld für ... *mich* öffne. Um meine eigene Energie wirklich zu spüren und zu feiern. Später in diesem Kapitel werde ich dich durch diesen Prozess anleiten.

Ich kann nur dazu raten, einen Freundeskreis zu etablieren, in dem ihr alle bereit seid, eure Erfolge zu feiern, anstatt miteinander zu konkurrieren. Unsere *Schreib dich reich*- und *Money Magic*-Communitys sind unter anderem deshalb so großartig, weil es sichere Orte sind, um Erfolge zu feiern. Wir ermutigen es sogar und beginnen jeden Videoanruf damit, dass die Mitglieder ihre Erfolge posten und wir alle gratulieren. Wenn dein Freundeskreis eine konkurrierende Tendenz aufweist, dann ist das vielleicht etwas, das du umkehren könntest. Beginne Unterhaltungen mit: „Was feiern wir diese Woche?"

. . .

STOLZ IST **Macht**

DAS WERKZEUG „ERFOLGE WILLKOMMEN HEISSEN" zu nutzen – sie zu empfangen, zu feiern und sich darauf zu konzentrieren – ist ein Spiel, durch das du immer mehr Erfolge verbuchen wirst. Mache es zu einer Angewohnheit, auch die Erfolge deiner Familie und deiner Freund*innen zu feiern. Falls sie ihre eigenen Erfolge minimieren wollen oder sich auf Misserfolge konzentrieren, dann führe sie zurück zum Erfolg und lass sie erkennen, wie viel sie bereits erreicht haben. Vergiss nicht – Stolz ist Macht.

HEIMSPIEL

1. **Kultiviere einen Freundeskreis, der deine Gewinne feiert.** Du weißt nicht genau, wo du anfangen sollst? Tritt der *Relax to Riches*-Facebookgruppe bei. Das ist natürlich keine Aufgabe, die innerhalb einer Woche begonnen und beendet ist, aber du kannst mit einer Bestandsaufnahme darüber beginnen, wer in deinem Freundeskreis Erfolge feiert und wer sich zurücklehnt und dich kritisiert.

2. **Erstelle einen *Wahnsinns*-Ordner.** Das ist eine Aufgabe, die meine Co-Autorin Lee Savino mir aufgegeben hat. Erstelle einen Ordner, in dem du alle Beweise dafür sammelst, dass du absoluter Wahnsinn bist. Mein Ordner ist eine Ablage in meinem E-Mail-Programm. Dort sammle ich Screenshots von meinen Konten in den sozialen

Medien und E-Mails von Leser*innen, in denen sie schreiben, wie sehr sie meine Bücher lieben. Der Gedanke dahinter ist der, dass du diesen Ordner jederzeit öffnen und die Inhalte lesen kannst, wenn du dich schlecht fühlst. Ich weiß nicht, ob ich den Ordnerinhalt jemals erneut durchgelesen habe, aber allein der Vorgang, die Screenshots und E-Mails dort abzulegen, lenkt meine Aufmerksamkeit auf die Erfolge, die ich jeden Tag erziele. Und es verhindert, dass ich mich auf gelegentliche Beschwerden konzentriere, die mich andererseits runterziehen würden.

3. **Schreibe jeden Abend drei kleine oder große Gewinne des Tages in dein *Entspannt zum Reichtum*-Tagebuch.** Auch hier signalisiert der Vorgang des Erfolgskatalogisierens deinem Gehirn, dass etwas Wichtiges vor sich gegangen ist, etwas, worauf du achten solltest. Und natürlich wissen wir, dass die Aufmerksamkeit auf etwas Auswirkung darauf hat, was du erhalten wirst. Du könntest auch versuchen, drei Mikromomente zwischenmenschlicher Verbindung aufzuschreiben, wie Dr. Barbara Fredrickson es ihren Teilnehmer*innen aufgegeben hat.

4. **Katalogisiere und feiere jeden einzelnen Manifestationserfolg.** Je mehr Aufmerksamkeit du deiner Fähigkeit zu manifestieren zukommen lässt, umso zuversichtlicher wirst du werden – und wir wissen alle, dass Überzeugung ein integraler Teil dessen ist, das anzuziehen, was du dir wünschst.

5. **Plane Feiern für deine zukünftigen Erfolge.** Ich habe entschieden, dass mein Sohn und ich nach Seattle zu meiner Tochter fliegen und in der Space Needle zu Abend essen werden, sobald ich meinen ersten $300.000-Monat habe. Oder erinnere dich an Stellas Moscato-Flaschen auf ihrem Schreibtisch. Gibt es eine Motivation oder ein Belohnungssystem, das für dich funktionieren könnte? Beschreibe deinen Plan in der *Relax to Riches*-Facebookgruppe!

6. Übe die Meditationen „Einheit" und „Teile deine Erfolge mit deinem vergangenen Ich" aus diesem Abschnitt.

7. Fahre mit deinem Schlaf-Spa-Ritual fort, höre dir einmal pro Woche ein Subliminal an, deute deine Träume und führe heilende Übungen durch.

WERKZEUG NR. 7

Verschlinge Kannibalen

KAPITEL SIEBZEHN

Seien wir ehrlich – es gibt eine Menge schwieriger Menschen auf der Welt. Menschen, die ihre eigene Schattenarbeit nicht gemacht haben, erwarten oft von anderen, dass sie einen Schmerz, ein Bedürfnis oder eine Sehnsucht in ihnen stillen. Sie erwarten, dass andere die Bedürfnisse erfüllen, die sie selbst nicht erfüllen können.

Vielleicht triggert auch dich jemand, indem er oder sie in einer deiner ungeheilten Wunden stochert oder dir etwas aufzeigt, das du noch nicht integriert hast.

Auch wenn ich glaube, dass umso weniger negative Menschen in unserem Leben auftauchen, je mehr wir unsere eigenen Schwingungen erhöhen, ist es dennoch unvermeidbar, dass wir solchen Menschen begegnen *werden*.

In diesen Momenten erinnere ich mich immer daran, dass wir gerade in Beziehungen am meisten lernen und wachsen können. Schwierige Menschen sind vielleicht deshalb unvermeidbar, weil sie deine Familie sind. Du bist mit ihnen verstrickt. Es sind Menschen, die du liebst, oder wichtige Menschen, mit denen du zusammenarbeitest.

Oder es sind einfach Menschen, mit denen du dich abgeben musst, um zu bekommen, was du dir wünschst. Der Gebrauchtwagenhändler. Die Person, die ein Haus verkauft, das du gern hättest. Der Regisseur des Films, bei dem du mitarbeitest.

Es gibt Menschen, die regelrechte Energievampire sind – oder Kannibale – Menschen, die dich verschlingen können.

Verschlinge stattdessen sie.

DIE LEUTE *WERDEN* EIFERSÜCHTIG SEIN

DIEJENIGEN, die noch nicht gelernt haben, die Erfolge anderer zu nutzen, um ihre eigene Rakete zu zünden, werden mit Eifersucht reagieren. Sie *werden* dich verurteilen und kritisieren. Vielleicht tuscheln sie auch hinter deinem Rücken, putzen dich runter, schreiben negative Kommentare unter deinen Posts oder versuchen sogar, dich zu canceln. In den unsterblichen Worten von Taylor Swift: „Haters gonna hate.“

Das ist die Realität. Wenn du wie ich sensibel auf Energien reagierst, dann spürst du diesen Hass womöglich sogar körperlich. Du bekommst Schmerzen von den Energiedolchen in deinem Rücken.

Das erste Mal, als eine meiner Novellen in einer Gruppenanthologie abgedruckt wurde, die auf dem besten Wege auf die *USA Today*-Bestsellerliste war, hatte die Herausgeberin der Anthologie während der Veröffentlichungswoche tagelang schreckliche Migräne. Mir wurde schnell klar, dass sie von den Energiedolchen jener Menschen geplagt wurde, die nicht Teil der Anthologie waren. Diese Autor*innen fühlten sich ausgeschlossen und waren eifersüchtig darauf, dass wir die Bestsellerliste ohne sie erklimmen würden.

Schutz versus Weite

ICH ARBEITETE mit der Herausgeberin der Anthologie zusammen, um sie energetisch zu reinigen, und ihre Kopfschmerzen verschwanden. Für mich war diese Episode allerdings eine eindrucksvolle Erinnerung daran, welche körperlichen Auswirkungen Eifersucht auf uns haben kann. Viele Energieheiler bringen uns bei, eine Glasglocke oder eine Art energetische Blase einzusetzen, um negative Energien abzuwehren. Damals habe ich die Herausgeberin zwar unter eine schützende Blase gesetzt, doch an dieser Stelle ist das nicht die Vorgehensweise, zu der ich raten möchte.

Sich in eine Blase zurückzuziehen, um sich nicht der Negativität anderer Menschen aussetzen zu müssen, ist ein Verteidigungsmechanismus. Dieser Mechanismus verstärkt die Vorstellung, du seist verwundbar oder schwach. Er ist nur vorübergehend effektiv und keineswegs eine langfristige Lösung, die dir gestattet, in die Welt hinauszugehen, du selbst zu sein und so hell zu strahlen, wie du nur kannst.

Stattdessen werde ich dir nun vorschlagen, dich zu weiten. Indem du deine Schutzbarrieren fallen lässt und dein Energiefeld ausweitest, bekommst du Zugriff auf alle Energien im Universum. Nichts kann dich mehr angreifen, wenn du dich in diesem Zustand befindest. Denk einmal darüber nach – wenn du einen Tropfen Essig in ein Glas Wasser kippst, wirst du den Essig vermutlich schmecken.

Doch wenn du den Tropfen Essig ins Meer kippst, verschwindet er einfach. So ist es auch, wenn du dein Energiefeld weitest – nichts Negatives kann dich mehr angreifen. Es wird da sein und als Teil des „All-Seins" in deinem Energiefeld existieren, aber es wird keinen Einfluss auf dich haben. Das ist so viel praktischer und nützlicher, als zu versuchen, immerzu positiv zu sein, dich nur mit positiven Menschen zu umgeben und alle Negativität oder Verurteilungen zu vermeiden.

Außerdem glaube ich, dass du keine Hasser anziehen wirst, solang du entscheidest, es nicht zu tun. Erst wenn wir in einen Zustand des Widerstands geraten, ziehen wir an, was wir vermeiden wollen. Wenn du dir Sorgen machst, jemand könnte dich verurteilen oder kritisieren oder du könntest gecancelt werden, ist das beinah eine Garantie dafür, dass es passieren wird. Wenn du dich stattdessen deiner Angst stellst und bereit bist, die Energie dessen, was du für verurteilenswert hältst, anzunehmen, ohne dich dabei selbst zu verurteilen, wirst du keine Kritiker anziehen. Und ich habe herausgefunden, wenn ich einfach entscheide, von positiven Menschen umgeben zu sein und positive Rückmeldungen zu bekommen, dann ist das alles, was ich sehe und höre, weil ich genau danach Ausschau halte. Die Kritiker sind vermutlich noch immer irgendwo da draußen, aber ihre Verurteilung perlt von mir ab wie Wasser von einem Entenpo.

Lass deine Schutzbarrieren fallen und erlaube dem Guten, dich aus allen Richtungen zu durchdringen. Nimm deine eigene Großartigkeit an. Weite dich, und du wirst dich dem Zustand des Empfangens öffnen, in dem du die unendliche Weisheit und die Möglichkeiten erhältst, die dir zur Verfügung stehen.

. . .

Übung: **Weite dich**

1. Lass deine Schutzbarrieren fallen (stelle dir vor, wie die Mauern um dich herum zerbröckeln).

2. Stelle dir einen Lichtkreis rings um dich herum vor, der etwa einen Meter in jede Richtung ausstrahlt. Ist es eine Kugel? Oder ist er unförmig? Hat der Kreis Dellen? Ist er an einer Stelle eingefallen? (Verurteile nichts. Beobachte einfach.)

3. Weite dein Bewusstsein eine Million Kilometer in jede Richtung aus. Stelle es dir wie eine immerwährende Ausweitung vor – sie geht bis in die Unendlichkeit weiter.

4. Schwinge in diesem Raum der Weite. Achte auf die Verbindungen, die du fühlst. Inwiefern bist du Teil der „Einheit" oder des „All-Seins"? In diesem Raum hast du Zugriff auf alles. Die Antwort auf jede Frage. Jede Energie, die du aufrufen willst (Liebe, Erfolg, Ruhm, Überfluss, Freiheit, Lust). Du musst nichts weiter tun, als sie zu dir zu rufen und damit zu resonieren.

5. Erinnere dich daran, dass das, womit du im Einklang sein willst, in deinem Leben auftauchen wird. In Vergnügen zu schwelgen, wird dir also weitere Dinge bescheren, die dir Freude bereiten.

6. Achte jetzt auf deine Gedanken und Gefühle. Empfindest du das Gefühl unendlicher Möglichkeiten? Ist das Konzept von Begrenzung aufgelöst? Wie liebend / dankbar / voller Freude fühlst du dich?

7. Mach dir bewusst, dass dieser Zustand DU bist.
   DU bist dieser unendliche Ort. Diese unendliche
   Weisheit. Dieses wunderschöne Lichtwesen. Du
   bist nicht deine limitierenden Glaubenssätze
   oder das persönliche Konstrukt, aus dem heraus
   du so oft agierst. Du bist so viel mehr. Du bist ein
   schwingendes Wesen. Ein Wesen von
   unendlichem Ausmaß.

8. Wiederhole diese Meditation oft und im Laufe
   des Tages. Jedes Mal, wenn du dich „weniger als"
   fühlst. Jedes Mal, wenn dich deine Gedanken
   runterziehen. Jedes Mal, wenn du mehr willst.
   Das ist der Raum des Empfangens.

MIT DER EIGENEN Eifersucht arbeiten

WIE BEREITS ERWÄHNT, nutze ich die Erfolge meiner
Freund*innen, um meine eigenen Erfolge anzufeuern. Ich
weiß, dass es mich in die Schwingung ihrer Erfolge versetzt,
ihre Siege zu feiern, als wären es meine eigenen, und diese
Energien auch in mein eigenes Leben zu holen.

Die schnellste und einfachste Methode, um dein Gehirn
umzuprogrammieren, ist es, die Erfolge anderer wie deine
eigenen zu absorbieren und laut zu dir selbst zu sagen: „Das
nehme ich auch." Wenn du die Affirmation aussprichst, die
gleichen Erfolge wie sie zu haben, ziehst du diese Energie
an. Du kommst mit ihr in Gleichklang. Wenn du stattdessen
jedoch zulässt, dass Eifersucht die Kontrolle übernimmt,
versetzt du dich in einen Zustand des Widerstands gegen

die Dinge, die du eigentlich haben möchtest. Du wirst sie abstoßen.

Laut zu sagen: „Das nehme ich auch" oder „Das gehört mir", ist zu einer solchen Angewohnheit von mir geworden, dass ich kaum noch Eifersucht empfinde. Und wenn ich eifersüchtig bin, dann feiere ich es tatsächlich. Anstatt Eifersucht als ein Zeichen zu deuten, ich könnte etwas nicht haben oder mir würde etwas fehlen, interpretiere ich es einfach so: Jemand anderes hat etwas, das ich auch gern haben möchte, *das ich mir aber selbst nicht zugestehe.*

Erinnere dich daran, dass alles, was sich jetzt in deinem Leben befindet, genau das ist, was dein Unterbewusstsein will. Wie innen, so außen. Wenn ich also nicht die Dinge habe, die andere haben, muss das bedeuten, dass ein Teil meines Ichs das nicht zulässt.

Betrachte es so: Wenn jemand anderes etwas hat, das ich auch haben will, und ich daran glaube, dass ich es auch haben *kann*, werde ich ganz aufgeregt. Ich denke vielleicht, *Oh, wow, sie hat diese niedlichen Strasssandalen. Ich frage sie, wo sie die herhat, und kaufe mir selbst ein Paar.*

Wenn aber jemand etwas hat, das ich haben will, und ich *nicht* glaube, dass ich es haben kann, werde ich eifersüchtig. Wenn du dich daran erinnerst, dass du alles haben kannst und *alles für dich möglich ist,* solang du dir erlaubst, daran zu glauben, dann wirst du erkennen, dass nur du es bist, der oder die dieser Sache im Wege steht.

Tut mir leid, falls das jetzt übermäßig einfach klingt. Ich gebe dir noch ein Beispiel aus meinem Leben. Eine Freundin von mir bot einen Coaching-Kurs an. Ich wollte kritisieren. Fühlte mich ein bisschen verbittert. *Für wen hält sie sich denn, dass sie zu diesem Thema einen Kurs anbietet?*

Anstatt einen „Ich habe recht / sie hat unrecht"-Fall aufzuziehen, wie es uns die Gesellschaft antrainiert hat, anstatt den Weg der Kritik und der Verurteilung zu beschreiten (eine zerstörerische Energie!), schaute ich in mich hinein. Wollte ich einen solchen Kurs anbieten, hatte aber das Gefühl, es nicht verdient zu haben? Projizierte *ich* dieses Gefühl auf sie?

Ähm, ja. Tat ich.

Das sind super Informationen. Sobald mir das klar war, musste ich nur noch herausfinden, wie ich meine eigenen Blockaden lösen konnte, um mir bereitwillig zu *erlauben*, in diese Energie hineinzutreten. Zum Teil ging es darum, selbst daran zu glauben, dass ich es verdient hatte. Und es ging darum, die Schritte zu unternehmen, die mir dabei helfen würden, in diese Energie hineinzutreten. Ich investierte in meine Zukunft und heuerte jemanden an, der mir dabei helfen würde, meinen ersten Kurs an den Start zu bringen.

Mit Konkurrenz umgehen

Konkurrenz ist auf diesem Planeten eine uralte Energie. Vielleicht war sie früher notwendig für unser Überleben, auf eine klassische Überleben-des-Stärkeren-Art. Wie dem auch sei, heutzutage nagt sie oft an unserem Selbstwertgefühl. Wenn du besonders ehrgeizig bist, lernst du womöglich, Ehrgeiz als Superkraft einzusetzen, um ein Feuer in dir und für deine Schöpfungen zu entfachen, Ziele zu setzen und sie zu manifestieren. Aber lasse nicht zu, dass dich dieser Ehrgeiz entgleisen lässt, indem du anfängst, dich zu vergleichen, und das Gefühl bekommst, Anforderungen nicht gerecht zu werden. Meine Co-Autorin Lee Savino ist sehr ehrgeizig, was ihr dabei geholfen hat, mit ihren

Büchern siebenstellig zu verdienen und wiederholt auf der *USA Today*-Bestsellerliste zu landen. Manchmal allerdings bemerkt sie, wie sich der Ehrgeiz in Momenten einschleicht, in denen sie nicht konkurrieren will, wie etwa in einer Yogastunde. Der ehrgeizige Teil in ihr flüstert ihr zu, sie solle an einer Yogalehrerausbildung teilnehmen, um die beste Yogi im ganzen Kurs zu werden, doch das ist nicht, was sie wirklich in ihrem Leben tun möchte. Also sagte sie sich, dass sie stattdessen einfach die beste Yogi ist, die eine Vollzeitautorin und Mutter von zwei kleinen Kindern nur sein kann.

Vielleicht hast du schon festgestellt, dass es bestimmte Menschen gibt, mit denen du eher in Konkurrenz trittst als mit anderen. Normalerweise liegt das daran, weil ihre Energie ebenfalls eine Energie des Wettkampfs ist. Ihre Schwingungen schwappen bis zu dir und eure Vibrationen passen sich einander an. Oder es könnte daran liegen, dass sie die Energie verkörpern, die du selbst gern wärst, die du dir aber nicht gestattest – selbstbewusst, mutig, klar, attraktiv.

Möglicherweise sind diese Menschen sogar enge Freund*innen oder Kolleg*innen von dir.

Diese Energie zu erkennen und zu benennen, kann oft schon dabei helfen, dich aus ihren Fesseln zu befreien. Bewusstmachung scheint das Heilmittel für die meisten Energieleiden zu sein.

Ich ziehe es vor, im Reich von „eine steigende Flut hebt alle Boote" zu verweilen – an einem Ort des Überflusses anstatt dem eines Mangel-Mindsets. Zu wissen, dass am Tisch genug Platz für alle ist. Zu wissen, dass meine Erfolge deinen zuträglich sind, und deine Erfolge meinen.

Und wie bereits erwähnt, wenn du dich in Gegenwart eines Menschen wiederfindest, der in Selbstverherrlichung schwelgt, kannst du dir diese Energie einfach überziehen und sie als Treibstoff für deine eigenen Ziele benutzen.

Genauso funktioniert es auch mit Eifersucht. Anstatt dich Prahlerei und Selbstdarstellung zu widersetzen, verschlinge sie einfach.

MEDITATION: Verschlinge Kannibalen

1. Lasse alle Schutzbarrieren fallen und breite dich eine Million Kilometer in jede Richtung aus. (Wenn du eine Übung mit anderen Menschen machst, hilft es, dich zu weiten, bevor du anfängst, mit Energien zu experimentieren. Auf diese Weise wird ihre Energie verdünnt und hat keinen Einfluss mehr auf dich.)
2. Stelle dir die andere Person und all ihre Prahlereien und Selbstdarstellungen und ihr Aufplustern wie eine Lichtkugel vor.
3. Stecke einen Strohhalm in diese Lichtkugel und sauge daran, sodass du ihre Energie in dich aufnimmst.
4. Anstatt darauf zu hören oder nachzuspüren, welche Energien konkret in ihrem Feld verkörpert werden – denn unter all der Selbstdarstellung befindet sich vermutlich ein tiefes Gefühl der Wertlosigkeit – empfängst du einfach. In dieser Übung geht es nicht darum, eine bestimmte Energie zu empfangen, die sie besitzen oder auch nicht. Es geht darum, dich in Gegenwart eines Selbstdarstellers und Prahlers in einen Zustand des Empfangens zu versetzen.

DER ENERGIEFLUSS VERÄNDERT SICH. Dein Gegenüber *drückt* dir seine Energie nicht länger *auf*, sondern du empfängst sie aufrichtig. Vermutlich hat das zur Folge, dass sich seine Prahlerei entspannt und ihr eine ehrlichere zwischenmenschliche Verbindung aufbauen könnt. Einen Zustand von Zuhören und Empfangen. Ein Zustand der Verständigung zwischen zwei Seelen.

PARTNERÜBUNG: Verschlinge Kannibale

DU KANNST MIT EINER*M Partner*in zusammen üben, Kannibalen zu verschlingen. Das ist eine hervorragende Generalprobe, damit es auch in der echten Welt zu deiner automatischen Reaktion wird, dich zu öffnen und zu empfangen, anstatt eine Schutzmauer hochzuziehen oder dich kleinzumachen.

Bitte deine*n Partner*in, zwanzig Prahl- und Überbietungs-Salven auf dich abzufeuern, vorzugsweise über solche Dinge, die du gern hättest und glaubst, nicht haben zu können. Wenn du zum Beispiel Autor*in bist, dann könnten sie damit angeben: „Ich bin fünfmal hintereinander auf die *New York Times*-Bestsellerliste gekommen", oder „Ich habe die Filmrechte an meinen sämtlichen Büchern verkauft." Wenn du Immobilienmakler*in bist, könnten sie sagen: „Jedes Haus, das ich zum Verkauf anbiete, verkauft sich am ersten Tag."

Höre dir jede Salve an und „empfange" ihre Prahlerei und ihr Angeben.

Antworte auf die ersten zehn Salven: „Das nehme ich auch", oder „Das gehört mir." Wähle einen Satz, der es dir ermöglicht, die Energie deiner*s Partner*in zu empfangen und zu verkörpern, anstatt dich ihr zu widersetzen und sie abzuweisen.

Beispielsweise könnte dein*e Partner*in sagen: „Meine Schuhe sind teurer als deine." Deine Antwort könnte sein: „Die nehme ich auch, danke."

Oder sie könnten sagen: „Ich habe gerade zehn Millionen Dollar am Aktienmarkt verdient." Und du antwortest: „Die bekomme ich auch."

Stell dir vor, wie du diese prahlerische, pikante Energie aufsaugst, die dein*e Partner*in dir entgegenfeuert. Stelle dir vor, wie dich diese Energie nährt, wie ein Energieriegel, der dich mit allen Reichtümern, Ruhm und Erfolgen versorgt, die du dir wünschst.

Auf die folgenden zehn Salven erwiderst du nichts, sondern übst, mit deinem Strohhalm diese Energie aus deiner*m Partner*in herauszusaugen. Du kanalisierst ihre Prahlerei nicht – die womöglich aus einem Gefühl der Unzulänglichkeit entspringt – noch kanalisierst du ihre konkreten Erfolge, sondern nur die Energie, die sie verströmen. Auf energetischer Ebene werden sie sich „angenommen" fühlen und möglicherweise mit ihrer Prahlerei aufhören oder sich zumindest entspannen. **Das wird dich davon befreien, dich verteidigen zu wollen oder nicht gut genug zu fühlen, was bekanntermaßen zu einem Widerstand in deinem Energiefeld werden könnte und somit verhindert, dass du bekommst, was du dir wirklich wünschst.**

KAPITEL ACHTZEHN

Eine Beziehung energetisch verändern

ICH MUSS DIESEM ABSCHNITT VORANSTELLEN, dass ich meine ziemlich ausführliche Liste an Fähigkeiten in übersinnlicher und Energiearbeit vor allem deshalb gelernt habe, weil ich mich vor Konfrontationen gescheut habe, keine Grenzen setzen konnte und nicht bereit war, meine Stimme einzusetzen, um zu kommunizieren. Mittlerweile habe ich mich klarer Kommunikation und dem Setzen von Grenzen verschrieben, anstatt in der trüben Energie bestimmter Menschen herumzufischen oder das Universum zu bitten, alles zu richten – auch wenn diese Methoden nach wie vor hervorragend funktionieren.

Wenn du wie ich vor Konflikten zurückweichst und dich nicht in der Lage dazu fühlst deine Bedürfnisse zu äußern und dafür einzustehen, wenn du kurz gesagt am „Braves Mädchen“-Syndrom leidest, dann lege ich dir das Buch

Unbound: A Woman's Guide to Power von Kasia Urbaniak wärmstens ans Herz. Urbaniak war lange Jahre Novizin in einem daoistischen Kloster und hat ihren Lebensunterhalt mit ihrer Arbeit als Dominatrix in einem Kerker in New York City verdient. Sie ist eine echte Expertin in Kommunikationsenergie und der Energie von Verhandlungen.

Wie dem auch sei, energetisch zu arbeiten und Grenzen zu setzen, bevor oder während du kommunizierst, kann dir den Weg zum Erfolg ebnen. Es wird die andere Person bereitwilliger zuhören und verstehen lassen, was du zu sagen hast. Deine Schutzmauern werden einstürzen, sodass du empfangen kannst, was dein Gegenüber zu sagen hat. Du kannst kommunizieren, ohne dich in der Defensive zu fühlen.

Genauso, wie wir damit arbeiten, Kritik von anderen als Energie zu empfangen, mit der wir unsere Raketen anfeuern, können wir auch die Energie derjenigen empfangen, die uns zerstören wollen. Mit dieser Energie können wir dann unsere Beete düngen, damit wir erblühen können.

Energetisch bedeutet das, deine Schutzmauern fallen zu lassen und dich zu weiten, und dann Energie durch die Person hindurchzuziehen, die dich ausgesaugt hat.

Wenn dir jemand Geld schuldet, kannst du Energie durch sie hindurchziehen. Es ist wichtig anzumerken, dass du ihnen die Energie nicht entziehst. Du erschöpfst ihre Energie nicht. Du schickst nur alle Energie des Universums durch ihr Energiefeld, anschließend durch deins, und schließlich zurück ins Universum. Auf diese Weise bringst du die Energie dazu, in die Richtung der Dinge zu fließen, die du dir wünschst. Wenn sich jemand zu sehr in deine Angelegenheiten einmischt oder dich in den Wahnsinn treibt, kannst du den Energiefluss umkehren, indem du ihre Energie anziehst. Ihre Energie verwandelt sich dir gegenüber in Geben und Großzügigkeit, anstatt in Mangel und Nehmen zu verweilen. Interessanterweise werden auch sie sich besser fühlen.

Sich von jemand anderem „angenommen" zu fühlen, ist eine andere Art von Flow-Zustand. Es ist eine Kommunion. Ich würde sogar behaupten, dass es eine Art „Daumen hoch" vom Universum ist. Im Vergleich dazu fühlt es sich, tja, ziemlich beschissen an, nicht angenommen zu werden. Wenn jemand in einem Zustand der Negativität verweilt, seine Schutzmauern hochgezogen hat oder dich ablehnt, fühlt sich das an, als würde dir die Tür vor der Nase zugeknallt werden. Deine Energie – oder deine Essenz – wird nicht angenommen. Wenn wir also mit diesen Energieflüssen experimentieren, öffnen wir den Zustand des Gebens und Empfangens für *beide* Seiten.

Wenn es jemanden gibt, der oder die deine Unterstützung sucht oder deine Energie sehr gebrauchen kann, wie beispielsweise ein klammerndes Kind oder ein*e unsichere*r Freund*in, dann kannst du den Energiefluss umkehren. Ziehe alle Energie des Universums durch deinen Rücken und in dein Herz, lass sie aus deinem Herz heraus in die Brust deines Gegenübers strömen, und schicke sie anschließend ins Universum zurück. Weil du die Energie des Universums einsetzt, wird hierbei niemand „ausgesaugt". Du erschaffst einfach nur einen Fluss, einen besseren Energiekreislauf. Feststeckende Energie wird wieder in Bewegung versetzt und von mehr Energie losgerissen. Energie, die nur in eine Richtung fließt, ändert ihre Richtung oder fließt wieder in beide Richtungen.

Versuche es mit mir. Um das zu üben, beginnen wir mit einer Person, die du liebst und mit der du eine unbeschwerte Beziehung hast. Sobald du mit dem Prozess vertraut bist und weißt, wie es sich anfühlt, kannst du es mit jemandem versu-

chen, mit dem du eine vertracktere Beziehung hast oder bei
dem du dir ein bestimmtes Ergebnis erhoffst.

MEDITATION: **Gemeinsamer Energiefluss**

1. Lass deine Schutzbarrieren fallen (stelle dir vor,
   wie die Mauern um dich herum zerbröckeln).
2. Stelle dir einen Lichtkreis rings um dich herum
   vor, der etwa einen Meter in jede Richtung
   ausstrahlt. Ist es eine Kugel? Oder ist er
   unförmig? Hat der Kreis Dellen? Ist er an einer
   Stelle eingefallen? (Verurteile nichts. Beobachte
   einfach.)
3. Weite dein Bewusstsein eine Million Kilometer
   in jede Richtung aus. Stelle es dir wie eine
   immerwährende Ausweitung vor – sie geht bis in
   die Unendlichkeit weiter.
4. Rufe dir die Person ins Gedächtnis, mit der du
   agieren willst. Stelle sie dir ebenfalls mit einem
   Lichtkreis um ihren Körper herum vor.
5. Schöpfe mit riesigen, unsichtbaren
   „Kellenhänden" die gesamte Energie des
   Universums durch den Rücken dieser Person in
   ihr Herzzentrum hinein (zwischen den
   Schulterblättern hindurch).
6. Die Energie fließt durch sie und ihr Herzzentrum
   hindurch, dann aus ihrer Brust hinaus und in
   dein eigenes Herzzentrum.
7. Sie fließt weiter, aus der Rückseite deines
   Herzens hinaus. Ein kleiner Wirbel davon strömt

zurück zu der Person, damit sie etwas deiner Energie zurückbekommt.

8. Du kannst selbst entscheiden, ob du eine bestimmte Energie durch sie hindurchschicken möchtest, wie „Liebe" oder „Dankbarkeit". Vor vielen Jahren habe ich mich an meiner Arbeitsstelle nicht wertgeschätzt gefühlt, also schickte ich „Respekt" durch meinen Boss hindurch, was unsere Beziehung deutlich veränderte.

9. Drehe jetzt den Energiefluss um. Ziehe alle Energie des Universums mit riesigen, schöpfenden Händen durch deinen Rücken und dein Herzzentrum herein, schicke sie durch deine Brust und in das Herzzentrum der anderen Person, bevor du sie aus deren Rücken austreten lässt. Ein kleiner Wirbel davon kehrt zu dir zurück.

10. Du kannst allgemeine Energie losschicken oder auch hier eine bestimmte Frequenz wählen, die du teilen möchtest.

11. Möglicherweise stellst du fest, dass die andere Person es abblockt, Energie von dir zu empfangen. Versuche in diesem Fall, Energie durch sie hindurchzuziehen und sie von ihr zu empfangen, und dann versuche es noch einmal. Du könntest außerdem versuchen, den Energiefluss in ein kleines Rinnsal zu verwandeln oder ihn auf einer Wellenlänge losschicken, die für dein Gegenüber annehmbar ist.

12. Spiele mit dem Schicken und Empfangen von

Energie, bis sich der Energiefluss leicht anfühlt und ungehindert in beide Richtungen fließt.

MEINE CO-AUTORIN und ich hatten ein Treffen mit der Herausgeberin eines großen Verlags. Ich liebe es, Indie-Autorin zu sein, dachte aber, mir könnte womöglich gefallen, was sie anzubieten hat. Als sie dem Zoom-Anruf beitrat, konnte ich spüren, wie ihre Mauern hochgingen. Sie wusste schon, oder glaubte zumindest, uns schlechte Nachrichten überbringen zu müssen, und ich bin mir sicher, als freundliche und mitfühlende Person widerstrebte ihr das gewaltig.

Während unserer gesamten Unterhaltung zog ich einfach Energie durch sie hindurch. Ich empfing ihre Energie und alles, was sie zu sagen hatte, und im Laufe des Gesprächs entspannte sie sich mehr und mehr. Sobald ihr bewusst wurde, dass wir dankbar für ihre Zeit waren und uns die Unterhaltung nicht verletzen würde, wurde sie offener. Sie bot uns ihren Rat und ihre Expertise an und schlug uns vor, sie später noch einmal mit einem anderen Projekt zu kontaktieren.

Obwohl das Gespräch nicht so gelaufen war, wie ich erhofft oder erwartet hatte, hatte ich nach Beendigung des Anrufs das Gefühl, als wäre es super gelaufen. Unser Gespräch hatte mir deutlich gemacht, dass ich *wirklich* keinen traditionellen Publikationsvertrag haben wollte, von dem ich gedacht hatte, ihn wollen zu müssen. Aber mehr noch als das war ich durch diese Begegnung absolut beschwingt. Dieser Moment des Energieaustausches hatte meiner Stimmung Auftrieb gegeben. Wir hatten einen Mikromoment zwischenmenschlicher Verbindung erlebt, den Dr. Barbara Fredrickson in ihrem Buch *Die Macht der Liebe* als Liebe definiert.

Energie durch die Herausgeberin strömen zu lassen, brachte zwar nicht das erhoffte Ergebnis, aber es öffnete Türen und schuf neue Möglichkeiten für mich. Diese Praktik mag manipulativ klingen, doch die Absicht dahinter ist es, Energie zu öffnen und etwas Größeres zu erschaffen – nicht nur für mich, sondern auch für die andere Person.

Schicke sie in einem Heißluftballon auf und davon

Vor vielen Jahren hatten wir eine sehr schwierige Person in unserer Tanzgruppe. Sie hatte in ihrem Leben mehrere Traumata erlitten und war ein emotionaler Energievampir. Als die mitfühlende, liebevolle Person, die ich bin, konnte ich mir einfach nicht vorstellen, sie zu verletzen, indem ich sie feuerte oder sie bat, zu gehen. Dennoch erwarteten viele der anderen Tänzer*innen von mir, in dieser Situation das Ruder in die Hand zu nehmen, und fragten sich, warum ich sie weiterhin dieser Person aussetzte.

Irgendwann lag ich in meinem Bett und bat um Führung. Ich hatte irgendwo gehört – vielleicht bei Abraham-Hicks, ich bin mir nicht mehr sicher – dass man innerhalb von fünf Minuten zu seiner Antwort kommt, wenn man still wird und um Führung bittet. Das Bild dieser süßen, kaputten Tänzerin in einem Heißluftballon tauchte in meinen Gedanken auf. Der Ballon stieg hinauf und schwebte davon, und die gesamte Zeit über lächelte sie und winkte zu mir hinunter, während sie davonflog. Anders gesagt: Ich schickte sie in ein besseres Leben davon – glücklich und zufrieden. Ich sah, wie sie leichter wurde, aufstieg und buchstäblich Aufschwung bekam, anstatt sich und andere runterzuziehen.

Ich beendete diese Meditation, und nur eine Viertelstunde später rief mich diese Tänzerin an. Sie trug eine Beschwerde darüber vor, wie sie sich behandelt fühlte. Da ich gerade darüber meditiert hatte, empfand ich keinerlei Sträuben gegen diese Unterhaltung. Ich befand mich in einem Zustand der Weite und der Liebe für sie, und hatte nichts als das Beste für sie und alle anderen im Sinn. Die Unterhaltung entwickelte sich von ihrer Beschwerde weiter zu ihrer letztendlichen Erklärung, es sei besser, wenn sie nicht länger mit uns arbeiten würde. Ich akzeptierte ihren Austritt anstandslos. Sie schien beinah überrascht über unsere Unterhaltung und meine Reaktion zu sein, als wäre das vor dem Telefonat ganz und gar nicht ihre Erwartung gewesen.

Ich war verblüfft, wie schnell ich dieses Problem hatte lösen können, indem ich mit Energie anstatt mit Frustration gearbeitet hatte. Indem ich nur das Beste für sie im Sinn gehabt und sie lächelnd und winkend zu ihrem höchsten Glück davongeschickt hatte, hatte ich uns aus einer Beziehung befreien können, die nicht funktioniert hatte.

Diese Meditation zu machen, bedeutet nicht zwangsläufig, dass du eine Person aus deinem Leben verbannen wirst, wenn du das nicht willst. Aber es kann ihr dabei helfen, sich von dir zu lösen, wenn sie nach einer Art Befriedigung in deiner Energie sucht, anstatt in ihrer eigenen.

MEDITATION: **Heißluftballon**

1. Schließe die Augen, lasse alle Schutzbarrieren fallen und weite dich eine Million Kilometer in jede Richtung.

2. Rufe dir die Person ins Gedächtnis, die du aus deinem Energiefeld befreien willst.

3. Stelle dir ihre freudige Abreise vor. Du stehst auf dem Boden, bereit, ihr Lebewohl zu sagen. Sie steigt in den Korb. Vielleicht schießt du ein paar Fotos. Als sich der Korb am Heißluftballon in die Luft hebt und hinauf in den Sonnenaufgang (oder -untergang) schwebt, lächelt die Person dir zu und winkt. Sie steigt höher und höher, voller Freude über ihr neues Abenteuer, das von dir abgespalten ist. Beglückwünsche sie zu ihrer Entscheidung, sich mit ihrem höchsten Gut in Einklang zu bringen.

4. Sende ihr deinen Dank für den Part, den sie in deinem Leben gespielt hat, oder empfinde einfach nur Dankbarkeit darüber, dass sie aus deinem Leben getreten ist. Egal, was es ist, Dankbarkeit ist eine Energie, die Weite schafft.

5. Mach dir bewusst, dass du die Energie zwischen euch verändert hast. Diese Veränderung passiert vielleicht nicht so schnell wie bei der Viertelstunde, die es gedauert hat, bis mich die Tänzerin angerufen hat. Aber es werden sich Veränderungen ergeben. Vertraue darauf.

6. Achte darauf, was anders ist, wenn du das nächste Mal mit dieser Person zu tun hast.

7. Wiederhole diese Meditation jedes Mal, wenn du in Zweifel gerätst oder über diese Person frustriert bist.

. . .

BESEITIGEN VON ENERGIEKABELN

ICH FINDE die Heißluftballon-Meditation sehr mächtig. Ich persönlich liebe sie, weil sie die andere Person mit deiner Intention durchtränkt, sie möge sich glücklich und leicht fühlen und sich auf die Suche nach ihrem Höchsten Gut machen.

Eine weitere bekannte Meditation zum Lösen energetischer Verstrickungen ist die Beseitigung von Energieleitern. Ähnlich wie bei dem gelenkten Energiefluss, den wir im letzten Abschnitt untersucht haben, besitzen wir unwissend Energiekabel, die uns mit anderen Menschen verbinden. Diese Kabel stecken buchstäblich in uns, oder wir schließen uns an ihnen an. Es ist eine Art zweispurige Autobahn zwischen dir und der anderen Person.

Solche Kabel sind für beide Seiten ungesund, denn sie entziehen und Energie und halten beide Personen davon ab, zu heilen. Keine Sorge – Kabel zwischen dir und einer Person, die du liebst, zu beseitigen, wird sie nicht aus deinem Leben verbannen. Es ist nur eine von vielen Methoden, Energie zu reinigen und zu „resetten". Es erlaubt beiden Seiten, in ihrer Energie zu verweilen, ohne eine andere Energie aufzusaugen oder selbst ausgelaugt zu werden.

Manche Menschen beschreiben diesen Vorgang als das „Durchtrennen" von Kabeln, aber diese Definition und Intention gefallen mir nicht, denn dadurch bleibt ein Stumpf des Kabels zurück und ist noch immer mit der anderen Person verbunden. Stattdessen stelle ich es mir wie eine Steckdose vor, an der man ein Kabel einfach einstecken oder herausziehen kann, sodass das komplette Kabel unbeschädigt zurückgegeben werden kann.

Wie beim Ausschicken und Empfangen eines Energiestroms empfehle ich auch bei dieser Übung, mit einer Person zu beginnen, die du liebst und mit der du eine unbeschwerte Beziehung hast. Sobald du ein Gefühl für die Übung entwickelt hast, mache mit jemand anderem weiter, mit dem oder der du eine schwierige Beziehung hast.

Nachdem du die Kabel beseitigt hast, könntest du zu unserer Meditation über Anziehen und Empfangen von Energie zurückkehren, um wieder eine gesunde Kommunikation zwischen euren beiden Herzzentren aufzubauen.

MEDITATION: Beseitigen von Energiekabeln

1. Rufe dein Höchstes Ich an. Stelle es dir wie eine Lichtkugel vor, die von oben auf dich herabsinkt und dich ganz und gar einhüllt.
2. Stelle dir die andere Person vor, wie sie vor dir steht. Rufe ihr Höchstes Ich an und stelle dir vor, wie auch ihre Lichtkugel von oben auf sie herabsinkt und sie einhüllt.
3. Bitte darum, dass alle Energiekabel, die euch beide verbinden, gelöst werden und zu euch zurückkehren. Ich stelle mir diese Kabel gern wie Angelschnüre vor. Ich löse den Haken aus der anderen Person und hole die Schnur ein.
4. Stecke das lose Ende zurück in dein Herz, damit du nur aus dir selbst Energie holst, nicht aus anderen.

5. Löse auch alle Haken, die durch das Kabel deines Gegenübers in dir feststecken, und schicke sie zurück. Verstaue die Enden in seinem Herzen, damit er für seine eigene Energie verantwortlich ist und in seinem eigenen Energiefeld verweilen kann.

6. Sage laut oder in Gedanken: *Jede Verantwortung, die ich dir für mein Leben übertragen habe, hole ich mir jetzt zurück.*

ACHTE DARAUF, ob du Widerstand empfindest, wenn du das sagst, und was zurückkommt (falls etwas zurückkommt).

7. Sage laut oder in Gedanken: *Ich gebe dir alle Verantwortung für dein eigenes Leben zurück, die ich übernommen habe.* Achte auf die Energie, wenn sie zu der Person zurückkehrt. Wenn du eine Vermutung hast oder weißt, in welchen Bereichen du Verantwortung für ihr Leben übernommen hast, schreibe es in dein *Entspannt zum Reichtum*-Tagebuch und bestätige, dass du diese Verantwortung nicht länger übernimmst.

8. Sage laut oder in Gedanken: *Ich vergebe dir. Ich lasse alles Nicht-Verziehene los.* Achte darauf, inwiefern sich die zweite Aussage anders als die erste anfühlt. In meiner Erfahrung wird immer noch ein bisschen mehr losgelassen, wenn ich den zweiten Satz anfüge.

9. Sage laut oder in Gedanken: *Ich bin frei. Du bist frei.*

10. Vielleicht möchtest du mit dem heilenden hawaiianischen Ho'oponopono-Gebet enden, eine weitere großartige Methode, um

energetische Verstrickungen zu lösen. Sage oder denke die Worte: *Ich liebe dich. Es tut mir leid. Vergib mir. Danke*, in der Reihenfolge, die sich für dich am besten anfühlt.

HEIMSPIEL

1. Fahre mit deinem Schlaf-Spa-Ritual fort
2. Höre dir mindestens einmal pro Woche ein Subliminal an, während du schläfst.
3. Schreibe deine gesamten Trauminhalte auf, deute und heile sie.
4. Experimentiere mit den Meditationen aus diesem Abschnitt, die Anklang bei dir finden.

WERKZEUG NR. 8

Schmerzen austreiben

KAPITEL NEUNZEHN

 lles, wogegen du dich sträubst, hat Bestand

EINE DER GRÖSSTEN Blockaden von Manifestation ist das Gefühl des Widerstands oder das Gefühl, gegen etwas anzurennen. Dieses Gefühl äußert sich oft als Ungeduld (*Warum ist es noch nicht passiert?*) oder als Zweifel (*Das werde ich nie bekommen – das ist unmöglich für jemanden wie mich!*).

Wie ich bereits erwähnt habe, hatte schon Carl Jung bemerkt: Wogegen man sich sträubt, das hat Bestand.

Es ist wichtig, anzumerken, dass dein Unterbewusstsein möglicherweise befürchtet, du könntest (auf einer geheimen, schattigen Ebene) deine derzeitige Situation genießen oder damit zufrieden sein, nicht zu erhalten, was du dir wünschst. Diese Einstellung des Unterbewusstseins führt zu Widerstand oder Abneigung gegen die eigentlich gewünschte Veränderung. Vielleicht fühlt sich dieser Teil in dir noch nicht wohl mit der Vorstellung, du könntest Erfolg haben. Er fühlt sich nicht sicher dabei, gesehen zu werden oder dich Kritik auszusetzen. Er fühlt sich generell nicht wohl mit Veränderung. Er hat in der Vergangenheit ein Trauma erlitten und versucht nun, dich zu beschützen.

Nehmen wir beispielsweise an, das Geld ist derzeit knapp bei dir. Wenn ich dir jetzt sage, dass etwas in dir Gefallen daran findet, arm zu sein, würdest du mir vermutlich einen Vogel zeigen. Doch auf irgendeiner unterbewussten Ebene befindest du dich womöglich noch immer im Widerstand zu Reichtum.

In meinem Buch zum Überfluss-Mindset, *Schreib dich reich,* habe ich eine lange, vermutlich dennoch nicht vollständige Liste geläufiger Geldblockaden angeführt. Wenn du mehr darüber erfahren möchtest, schau dir das Buch gern an.

Spielen wir mal ein bisschen herum und behaupten, du denkst, reiche Leute sind schlecht. Während deiner Kindheit haben deine Eltern deine reiche Tante immer als egoistisch oder geizig kritisiert. Oder du hast nur die negativen Auswirkungen von Kapitalismus auf Gesellschaft und Umwelt gesehen. Du willst dich nicht mit Reichen identifizieren. Vielleicht hast du Angst, das könnte dich zu einer Zielscheibe machen, oder befürchtest, Freunde zu verlieren. Oder du hast das Gefühl, in der Armut eine Art Sicherheit zu finden. Wenn du nichts besitzt, kann dir auch nichts genommen werden. Dir gefällt zwar nicht, dass das Geld knapp ist, aber dein Gehirn versucht, dich davor zu beschützen, einer dieser schrecklichen, reichen Menschen zu werden. Oder davor, bei einem Raubüberfall bestohlen zu werden. Oder was immer es sein mag, das dir Angst macht.

Schon allein, sich diese Angst oder diesen Widerstand bewusst zu machen – sie in dein Bewusstsein zu holen – wird den Transformationsprozess in dir automatisch beginnen. Dieses Kapitel wird dir eine Menge weiterer Optionen an die Hand geben, wie du frühere Erfahrungen oder Verletzungen austreiben kannst, die dich davon abhalten, das zu bekommen, was du dir wünschst.

DAS NERVENSYSTEM von Traumata heilen

VOR KURZEM FLACKERTE ein Influencer durch meinen Instagram-Feed, der erklärte, konventionelle Manifestationstechniken seien nichts wert und der einzige Weg, um zu manifestieren, sei es, das Nervensystem von Traumata zu heilen. Obwohl ich glaube, dass konventionelle Manifestationstechniken absolut funktionieren können, stimmt es, dass man umso verlässlicher manifestiert, je integrierter man ist. Es stimmt außerdem, dass dein Nervensystem an vergangenen Traumata festhält. Erinnerungen an Schmerzen und Verletzungen sind als eine Art Überlebensstrategie in unseren Zellen und unserem Nervensystem gespeichert.

Die Wissenschaft hat bewiesen, dass Traumata sogar über Generationen hinweg weitergegeben werden kann.

The Washington Post hat über ein Experiment berichtet, bei dem Neurowissenschaftler der Emory University männlichen Mäusen antrainiert haben, Angst vor dem Duft von Kirschblüten zu haben, indem sie den Duft mit minimalen Elektroschocks assoziiert haben[1]. Zwei Wochen später haben sich diese Mäuse mit Weibchen gepaart. Und tatsächlich, der Nachwuchs wurde jedes Mal nervös und

---

1. https://www.washingtonpost.com/national/health-science/study-finds-that-fear-can-travel-quickly-through-generations-of-mice-dna/2013/12/07/94dc97f2-5e8e-11e3-bc56-c6ca94801fac_story.html

ängstlich, wenn sie dem Duft von Kirschblüten ausgesetzt wurden. Die Erinnerung der Väter wurde sogar mit ähnlichen Ergebnissen an eine dritte Generation weitergegeben, als sich die Nachkommen der ersten Väter paarten. Die Wissenschaftler fanden heraus, dass traumatische Erfahrungen anhand von genetischen Markern an die nächsten Generationen weitergegeben wurden. Die ursprüngliche Angst hinterließ in der Anatomie und dem Verhalten zukünftiger Nachkommen ihre Spuren.

Es ist durchaus möglich, dass deine Beziehung zu Überfluss mit generationsübergreifenden Traumata zu tun hat. Vielleicht waren deine Vorfahren Sklaven. Vielleicht starben sie im Schuldturm. Oder ihnen wurden die Köpfe abgeschlagen, weil sie Adlige mit zu viel Geld waren.

Generationenübergreifende Traumata oder sogar Traumata aus einem früheren Leben aus deiner Zellerinnerung und deinem Nervensystem zu lösen, macht es einfacher für dich, in diesem Leben zu manifestieren. Und du wirst damit auch zukünftigen Generationen einen Gefallen tun, weil alles, wovon du dein Energiewesen jetzt reinigst, auch in deinen Kindern und Enkelkindern gereinigt sein wird.

WIDERSTAND IST **Vermeiden von Schmerz**

WIE BEREITS ERWÄHNT, hat fast alles, wogegen wir uns sträuben, mit unserem innersten Bedürfnis zu tun, uns vor Verletzungen und Schmerzen zu schützen. Vielleicht hast du Geldwunden – Erinnerungen an Zeiten, als du Rechnungen nicht bezahlen konntest und dir finanziell das Wasser bis zum Hals stand – und jetzt gehst du dem Thema Geld vollkommen aus dem Weg. Vielleicht hast du dich als

Kind auch ungeliebt gefühlt, und jetzt verteidigst du in Beziehungen standhaft dein Herz.

- Ertappst du dich immer wieder dabei, nicht zu genau über Geld oder Rechnungen nachzudenken, weil es Gefühle der Scham oder der Verletzung in dir hochholt?
- Vermeidest du ein Projekt (deinen Kurs anzubieten, dein Buch fertig zu schreiben, deine Dienste zu vermarkten), das dir tatsächlich einen Haufen Geld einbringen würde, weil dich dein Unterbewusstsein vor Kritik und Misserfolg beschützen will?
- Hast du in der Vergangenheit in Bezug auf Misserfolge, Armut oder mangelnder Liebe Traumata erlitten – große oder kleine?

ALS JEMAND, die fest vom Gesetz der Anziehung überzeugt ist, wurde ich in meinen Zwanzigern und Dreißigern sehr gut darin, allem aus dem Weg zu gehen, bei dem ich mich nicht gut fühlte. Eheprobleme? *Nicht dran denken – Grübeln macht es nur noch schlimmer.* Mir gefällt nicht, wie sich das anfühlt? *Lenke dich so lang ab, bis du dich besser fühlst.*

Auch wenn diese Strategie eine gewisse Wahrheit birgt – sich in schlechten Gefühlen zu suhlen, kann sie noch verschlimmern – verringert diese Vermeidungsstrategie tatsächlich auch deine Energie und Macht. Je mehr ich all meinen Empfindungen Einlass gewähre – Schmerz und Lust – umso mehr Energie scheine ich zu haben. Ich besitze mehr von mir selbst, weil ich die Seiten meines Ichs, die nicht aus Friede, Freude, Eierkuchen bestehen, nicht ablehne oder mich gegen sie sträube.

VERMEIDUNG MIT ZUSTIMMUNG ersetzen

ICH HABE mit einer Coachin zusammengearbeitet, die das Gefühl hatte, im Leben hoffnungslos hinterher zu sein – ein Gefühl, von dem ich mir sicher bin, dass alle Kreativen es kennen. In ihrer Vorstellung war dieses Gefühl das Bild eines endlosen Papierstroms, der auf ihren Kopf herunterregnete und sie an ihrem Schreibtisch unter einem Zettelberg begrub.

Anstatt dem Gefühl aus dem Weg zu gehen oder zu versuchen, es fortzuräumen, spielten wir mit dem Gedanken, es ohne Widerstand anzuziehen. Das Ziel war es, Zustimmung für dieses Gefühl und alle Empfindungen, die es mitbrachte, zu kultivieren. Es nicht nur mit absoluter *Akzeptanz* zu empfangen, sondern mit absoluter *Zustimmung* – eine Technik, die ich während meiner *Existential Kink*-Coaching-Ausbildung gelernt habe.

Während meine Klientin unter der Flut von herabregnenden Zetteln saß und sie mit absoluter Zustimmung empfing, veränderte sich das Bild beinah augenblicklich. Auf einmal sah sie, wie die Zettel unter ihr zusammenströmten wie eine Welle und sie emporhoben. Der Druck, den sie zuvor empfunden hatte, verwandelte sich in ein Gefühl der Macht. Wenige Momente später erhielt sie eine Nachricht von jemandem, der ihr Angebot buchen wollte! Solche Gleichzeitigkeiten nenne ich niemals Zufall. Ich glaube, die ganze Energiearbeit, die wir betreiben, kann direkte und mächtige Ergebnisse bewirken.

Eine andere, junge Person, mit der ich gearbeitet habe, war verzweifelt, weil sie wieder zu ihren Eltern ziehen musste, nachdem sie ihren Job gekündigt hatte und nicht länger in der Gegend dieser ehemaligen Arbeitsstelle bleiben wollte. Die Person erklärte, sie hätte Schuldgefühle darüber, ihre teure Ausbildung wegzuwerfen, und hatte Sorge, ihre Eltern könnten sie verurteilen. Als sie von ihrer Unfähigkeit sprach, eine neue Richtung für sich zu finden oder zu wissen, was als Nächstes zu tun war, verströmte ihre Energie einen Teufelskreis von „Feststecken."

Ich fragte: „Wärst du bereit, ein totaler Versager zu sein?"

Sie lachte.

Ich schlug vor, totale Zustimmung dafür zu finden, diese teure Ausbildung wegzuwerfen. Ich sagte: „Was, wenn du sie einfach in den Müll schmeißt, ein Streichholz hinterherwirfst und zusiehst, wie sie in Flammen aufgeht?"

Wieder lachte sie und erklärte, allein diese Vorstellung hätte ihre Energie aufgelockert.

Das, was wir nicht zu sein bereit sind, ist oftmals das, was uns zurückhält. In diesem Fall war die Person nicht bereit, ein „Versager" zu sein, der nicht länger den Karriereweg beschritt, auf dem er gestartet war. Viel ihrer Energie wurde dafür verschwendet, sich dagegen zu sträuben, ein Versager zu sein, was sie wiederum davon abhielt, die nächsten Schritte auf ihrem Weg zu sehen. Es war ein Kreislauf aus Schuldgefühlen und Scham über die derzeitige Situation und die Entscheidung, den alten Job zu verlassen, ohne einen neuen Job im selben Bereich suchen zu wollen. Solang ihre Energie auf das verschwendet wurde, was sie sich zu sein weigerte, stand ihr nicht ihr vollständiges Ich zur Verfügung, um damit eine neue Energie für sich aufzubauen.

Du willst Zugang zu allen Energien auf dem Planeten haben. Wenn du dich also weigerst, eine bestimmte Energie zu verkörpern oder etwas Bestimmtes zu sein (z. B. ein*e Versager*in), dann erzeugt das Widerstand in deinem Energiefeld. Ein wesentlicher Teil deines Ichs wird durch diesen Widerstand ausgelaugt.

Den Körper einbeziehen

JE MEHR DU **deinen Körper in diesen Prozess der Zustimmung einbeziehst, umso mehr wird dein Nervensystem für Vergnügen und Überfluss umprogrammiert werden, anstatt in Angst und dem Vermeiden von Schmerz festzustecken.**

Beobachte, was in deinem Körper passiert, wenn du über deine derzeitige Situation oder etwas, gegen das du dich sträubst, nachdenkst. Diese Beobachtung wird dir den Zustand deines Unterbewusstseins in Bezug auf diese Sache zeigen. Achte anschließend darauf, was in deinem Körper passiert, wenn du die Einstellung der absoluten Zustimmung für diese Sache kultivierst.

Dieser Prozess kann außerdem für ein scheinbar ausschließlich körperliches Problem angewendet werden.

Vor Kurzem war ich auf einer Sommerkreuzfahrt. Ich war schon immer anfällig für Seekrankheit, und während meiner ersten Kreuzfahrten hatte ich jedes Mal Angst, krank zu werden. So weit war es zum Glück nie gekommen. Dieses Mal allerdings war die See rau, was für den Sommer in der Karibik normal ist. In der ersten Nacht an Bord wachte ich morgens um zwei mit Übelkeit auf. Ich ging ins Bad und entschied auf dem Weg dorthin, auszuprobieren, wie es wäre, der Seekrankheit mit absoluter Zustimmung zu begegnen. Sie mit offenen Armen zu empfangen, anstatt mich dagegen zu sträuben, wie ich es normalerweise tat.

Ich war regelrecht schockiert, wie schnell sich die Seekrankheit verwandelte. Anstatt Übelkeit zu empfinden und von den Wellen durchgerüttelt zu werden, hatte ich plötzlich das Gefühl, vom Meer sanft gewiegt zu werden. Wie sich herausstellte, wurde meine Übelkeit nur durch meinen Widerstand gegen die Bewegungen des Schiffes verursacht. Sobald ich die Bewegungen mit absoluter Zustimmung zuließ, verwandelten sie sich in Vergnügen. Obwohl die See auch für den Rest der Kreuzfahrt aufgewühlt blieb, wurde mir während der restlichen Zeit kein einziges Mal mehr übel.

WEITERE METHODEN, **um körperliche und emotionale Traumata aus dem Nervensystem zu lösen**

IM PROZESS, absolute Zustimmung für eine Situation zu kultivieren, mit der du dich im Widerstand befindest, gibt es noch viele weitere Methoden, um dein Nervensystem von Traumata zu befreien.

KLOPFEN (TAPPING) BZW. **Emotional Freedom Technique (EFT)** ist eine wundervoll einfache Methode, um dein Nervensystem hinsichtlich eines Problems wieder ins Gleichgewicht zu bringen. Bei dieser Methode klopfst du alle Energiemeridiane deines Körpers ab, während du über die Sache nachdenkst, die für dich aufgeladen ist. Wenn du mit den Klopf-Punkten nicht vertraut bist, kannst du unzählige YouTube-Videos finden, bei denen du zusammen mit einer Person klopfst. Es gibt viele Videos über das Klopfen für Überfluss. Brad Yates ist einer meiner Lieblingslehrer. Er verströmt eine freundliche, Mr.- Rogers-ähnliche Energie.

Andere Energieübungen, die Polaritäten ausgleichen, können ebenfalls nützlich sein. Meine Stiefschwester praktiziert **B.E.S.T.** (Bioenergetische Synchronisations-Technik), bei der anhand einer unfassbaren Anzahl von Fragen Muskeltests eingesetzt werden, um einem aufgeladenen Problem auf den Grund zu gehen und es zu lösen. **Body Talk** ist eine ähnliche Methode. Ich selbst habe dank beider Methoden bereits unglaubliche Erleichterungen und Heilungen erfahren.

Meiner Erfahrung nach ist jede Art von Energiearbeit, einschließlich **Reiki, Tesla Metamorphosis**® und **Reconnective Healing**® wirksam darin, im Körper gespeicherte Traumata zu lösen oder auszugleichen.

Yoga und Somatische Übungen zum Lösen von Traumata

Videos mit Anleitungen für Traumata lösende Yoga-Dehnungen können leicht auf YouTube gefunden werden. Hauptsächlich sind es Übungen zum Öffnen der Hüften, wie Taube, Eidechse oder Feuerscheitpose.

Außerdem bin ich große Befürworterin von somatischen Übungen wie der **Feldenkrais-Methode**® (auch Nia), Atemübungen wie **HeartMath**® oder Formen von Ecstatice Dance wie **5Rhythms.**

Ich glaube, dass jede Art von Bewegung dabei hilft, durch den Einsatz des Körpers Probleme zu verarbeiten. Als ich meine Ausbildung in der Feldenkrais Methode® machte, kam es hin und wieder vor, dass jemand emotional zusammenbrach und eine Emotion oder ein Trauma losließ, das in der gerade von uns bearbeiteten Körpergegend festgesteckt hatte.

Ich fand diese Momente wundervoll und hätte ein solches Loslösen in mir selbst mehr als willkommen geheißen, doch in den vier Jahren der Ausbildung passierte es für mich kein einziges Mal. Ich glaube, das lag daran, dass ich als Tänzerin meine Emotionen wöchentlich durch meinen Körper schickte und sie auf diese Weise los- und herausließ.

Allerdings passierte es für mich während eines craniosacralen Trainings. Ein paar Wochen zuvor hatte ich eine Fehlgeburt erlitten. Die Leiterin arbeitete mit mir und beschrieb, was sie in jedem Moment tat. Dann bat sie mich, mich aufzusetzen und den anderen Teilnehmer*innen zu erzählen, wie ich mich fühlte. Ich setzte mich auf und brach augenblicklich in Tränen aus.

Die Leiterin reichte mir eine Box Taschentücher und zeigte mit dem Finger auf meinen Bauch. Ich hatte das Gefühl, als würde sie Funken in meinen Bauch feuern. Sie bat mich, meine Führer anzurufen und sie darum zu bitten, all die Dunkelheit aus meinem Bauch zu verbannen. Damals hatte ich die Diagnose meiner extremen Glutenunverträglichkeit noch nicht erhalten, und es fühlte sich tatsächlich so an, als wäre mein Bauch ein Reich der Dunkelheit. Ich beobachtete, wie sich die Wolken lichteten und verschwanden. Dann fragte ich in Gedanken: „Habt ihr alles weggenommen?" Und als hätte die Leiterin mich gehört, wiederholte sie laut: „Haben sie alles weggenommen?"

Es war eine zutiefst heilende Erfahrung, die mir dabei half, meinen Körper und die Situation, in der er sich befand, zu akzeptieren, anstatt mich weiter in einem

Zustand des Widerstands, der Trauer und des Verlustgefühls zu verankern.

Von anderen projizierte **Energien loslassen**

Manchmal hält der Körper die Verurteilung anderer fest und muss diese loslassen.

Als ich ein paar Jahre nach meiner Scheidung auf ein allererstes Date ging, war ich wahnsinnig nervös. Ich hatte ein paar Drinks intus und redete definitiv zu viel. Der Mann, mit dem ich mich traf, war begeisterter Rennradfahrer, der normalerweise mit anderen Radfahrerinnen ausging. Er fragte mich Sachen wie: „Machst du überhaupt keinen Sport?"

Ich war tatsächlich der Meinung, das Date wäre super gelaufen. Am nächsten Tag allerdings, als ich gerade auf dem Rückweg von meinem Pilates-Kurs war, **brach ich unerklärlicherweise in Tränen aus.**

Ich wusste, dass es mit dem Date zu tun hatte, aber ich wusste nicht, warum. Meine Scheidung lag mittlerweile drei, fast vier Jahre zurück, und ich hatte nicht das Gefühl, als hätte es etwas damit zu tun, endlich meine Ehe loslassen und nach vorn schauen zu müssen. Tatsächlich gab es überhaupt nichts, womit ich diesen Ausbruch in Verbindung brachte.

Da es mein erstes Date gewesen war, machte ich mir nicht allzu viele Gedanken darüber, ob er „der Richtige" war oder nicht. Ich hatte noch eine Reihe weiterer Dates mit anderen Männern geplant, und hatte nicht besonders viel Intensität oder Bedeutung in dieses erste Date hineingelegt.

Am nächsten Tag, als ich einer Freundin vom Date

erzählte, zeigte ich ihr in der Dating-App sein Bild und bemerkte in diesem Moment, dass wir nicht länger gematcht waren. Er hatte das Match nach unserem Date aufgelöst! Ich war überrascht, aber nicht verletzt. Ich hatte mich gerade erst auf den Dating-Apps angemeldet, und die Männer standen praktisch Schlange. Ich verstand es nicht als Zurückweisung. Ich lachte nur, und **dann wurde mir plötzlich klar, dass die Tränen am Tag nach dem Date mein Körper gewesen waren, der die Verurteilungen *meines Dates* losließen.** Obwohl die Erfahrung weder meinen Verstand noch meine Gefühle verletzt hatte, hatte mein Körper die unterschwellige Verurteilung gespürt und hatte sie loslassen müssen.

Der Körper besitzt seine eigene Weisheit – er weiß, wie er die Intensität wieder loslassen kann, die er aufgestaut hat. Manche Menschen lachen in unbehaglichen Momenten – wie auf Beerdigungen oder im Krankenhaus, wenn ein geliebter Mensch krank ist. Das ist die Methode ihres Körpers, Anspannung und Intensität loszulassen. Manche Menschen atmen aus, als ob sie Seifenblasen pusten würden, seufzen laut, werfen die Hände in die Luft, schnauben oder gähnen, wenn sie intensive Energie loslassen müssen. Dabei ist es dann egal, ob sie diese Energie von anderen oder der Umgebung aufgegriffen oder in sich selbst aufgebaut haben.

Der Körper empfängt permanent Kritik und implizierte Verurteilungen anderer. Vergiss das nicht, wenn du Verurteilungen auf den Körper deines Partners oder deines Kindes projizierst. Sogar, wenn du deine Kritik für dich behältst und ihnen niemals sagen würdest, sie sollen abnehmen oder dass dir ihre Frisur nicht gefällt, empfängt ihr Körper die Verurteilung auf Energieebene.

Ich erzähle dir das nicht, damit du Angst bekommst und

glaubst, du müsstest dich immerzu vor der Kritik anderer schützen. Das ist nicht nötig. Im Fall des Mannes auf meinem ersten Date hatte ich mich geöffnet, indem ich interessiert war und von ihm gemocht und geschätzt werden wollte. Ich habe mich ihm gegenüber so verhalten, als wäre ich nicht (gut) genug. Ich war nicht mein eigenes, mächtiges Ich gewesen, sondern hatte mich einen Kopf kleiner gemacht. Und das hatte dazu geführt, dass seine Energie Einfluss auf mich hatte.

Denk daran: Jedes Mal, wenn du dich von der Energie anderer Menschen beeinflusst fühlst, ist die Lösung nicht, dich kleinzumachen oder dich in Luftpolsterfolie einzuwickeln, um sie abzuwehren. Lass stattdessen deine Schutzmauern fallen und weite dich eine Million Kilometer in jede Richtung aus, damit du dich mit dem All-Sein verbindest. Die projizierte Energie wird dich dann einfach nur anfeuern.

Wenn du nicht mit absoluter Zustimmung empfangen willst, dann kann das Loslassen projizierter Energie so einfach sein, wie zu sagen: „Zurück an den Absender, mit einer extra Dosis Gewissen." Der zweite Teil – *mit einer extra Dosis Gewissen* – wird deinem Gegenüber dabei helfen, sich zu entwickeln und zu bemerken, wenn er seine Energie auf andere projiziert.

Machaelle Small-Wright, die Autorin von *Behaving as if the God in All Life Mattered*, ist Gärtnerin, die riesige, 15-Kilo-Kohlköpfe züchtet, indem sie mit der Natur kommuniziert und mit ihr im Einklang ist. In ihrem Buch beschreibt sie einen wundervollen, energetischen Reinigungsprozess für deinen Körper oder deinen Garten. Ich wollte diesen Prozess hier abdrucken. Doch Michaelle würde es am liebsten sehen, wenn du die Anleitung in ihrer Gänze liest, genau so, wie sie den Inhalt unterrichtet, und bietet auf ihrer Webseite eine Kopie davon an. Ich habe den Link im Abschnitt „Ressourcen" am Ende des Buchs angefügt.

Übung: Traumata auf Zellebene loslassen

AUCH DEINE ZELLEN können Traumata aus deiner Vergangenheit oder aus deiner Erblinie enthalten.

Hier ist ein einfacher Prozess, um Traumata aus deinen Zellen zu lösen:

1. Schließe die Augen, lasse deine Schutzbarrieren fallen und weite deine Energie eine Million Kilometer in jede Richtung aus.
2. Stelle dir vor, wie das helle, weiße Licht der spirituellen Sonne von oben auf dich heruntersinkt und deinen Kopf umhüllt, dann durch deinen Körper hinunterwandert und an deinen Füßen wieder herauskommt, um zum Erdkern weiterzustrahlen.
3. Stelle dir ein leuchtendes Grün vor, das das Licht der Natur / Gaia / Erdenergie repräsentiert. Es steigt durch deine Fußsohlen und deine Beine hinauf, badet deine Knie, deine Hüfte, deinen Bauch, dein Herz, deinen Hals und schließlich deinen Kopf. Dann wandert es weiter, bis hinauf zur spirituellen Sonne.
4. Bitte darum, dass sich alle Zell-Erinnerungen an Traumata oder Schmerzen auflösen und auf allen Ebenen, Lagen, Zeitleisten und Dimensionen losgelassen werden.

5. Stelle dir vor, wie sie sich aus dir lösen wie eine Rauchwolke oder Nebel, der aus deinem Körper dringt.

6. Sieh dabei zu, wie der Nebel sich auflöst und zurück in die Erde sickert, zurück in den Äther, um vom All-Sein übertragen und absorbiert zu werden.

7. Achte darauf, ob es einen Duft gibt, den du mit deinem neuen, gereinigten Ich verbindest.

8. Gibt es ein wildes Tier oder eine mythische Kreatur, die du mit deinem neuen, gereinigten Ich assoziierst? Suche dir jetzt eins aus.

9. Mach dir bewusst, dass du Raum für neue Möglichkeiten und einen Energiekörper geschaffen hast. Rufe dir dein Tier und den Duft ins Gedächtnis, wann immer das Trauma wieder hochkocht. Das schafft einen Anker für dein Unterbewusstsein, um zu diesem Zustand der Leichtigkeit zurückzukehren und dabei zu helfen, ihn zu einem Dauerzustand zu machen.

ARBEIT auf psychologischer Ebene

ES KANN AUSSERDEM HILFREICH SEIN, mit den traumatisierten Teilen deines Ichs auf psychologischer Ebene zu arbeiten.

In seinem Buch *Kein Teil von mir ist schlecht: Mit dem Modell des inneren Familiensystems (IFS) Trauma heilen und zur Ganzheit zurückfinden* schreibt der Psychologe Dr. Richard C. Schwartz über die verletzten und defensiven Seiten in uns, die sich in Relation zu einem Trauma unser ganzes Leben lang zu Wort melden können, egal wie groß oder klein das Trauma war. Es ist wie eine multiple Persönlichkeitsstörung auf Mikroebene.

Der Prozess, um mit diesen Teilen zu arbeiten, ist der Gleiche, wie mit Traumelementen oder deinem jüngeren Ich in Kapitel Neun zu arbeiten.

Hoffentlich ist dir dieser Prozess mittlerweile mehr und mehr vertraut.

Mit diesen Teilen zu arbeiten, ist ein Weg, um dein Gehirn neu zu programmieren und seine Traumareaktion zu beseitigen. Es wird gesünder, integrierter und vollkommener. Anstatt diese getriggerten Teile in uns herunterzuschlucken, arbeiten wir mit ihnen zusammen und zeigen ihnen, dass wir nicht länger fünf sind, oder zwölf, oder wie alt wir waren, als das Trauma stattgefunden hat. Wir hören zu, vermitteln absolute Akzeptanz und Liebe für sie, und programmieren sie schließlich für die aktuelle Realität neu. Wir können sie bitten, einen Schritt zurückzutreten und uns selbst die Führung übernehmen zu lassen. Wir heilen sie.

Mithilfe von Bildern, Farben, Gerüchen und Symbolen können wir unser unterbewusstes Gehirn neu programmieren, sodass dieses neue, ermächtigte Ich eine wundervolle Antwort auf das alte Trauma ist.

Ich muss an dieser Stelle wiederholen, dass diese Übung kein Ersatz für psychotherapeutische Behandlung ist. Ich rate dir, eine*n Therapeut*in zu finden, der oder die mit Rapid Resolution Therapy oder inneren Familiensystemen arbeitet und dir die benötigte, zusätzliche Unterstützung bietet.

Wir nähern uns dem Heilen dieser Teile und Fragmente in uns an einem heiligen Ort. Genauso, wie Informationen von deinem Höheren Ich oder eine*m Führer*in dich nicht verletzen oder triggern können, ist auch dies ein energetisch sicherer Ort, um vergangene Traumata aufzudecken, zu betrachten, loszulassen und zu heilen.

Mögliche Trigger-Warnung (Heilen von Misshandlung)

WÄHREND ICH MIT einem Teil meines Ichs arbeitete, von dem ich nicht einmal wusste, dass er existierte, fragte mich Simone, meine beste Freundin und eine starke Quantenheilerin, wo in meinem Körper ich diesen Teil spürte. Ich antwortete mit dem Ersten, was mir einfiel – in meiner Vagina. Wir dankten dem Teil dafür, sich gezeigt zu haben, und fragten, was er mir zu sagen hätte. Ich hatte eine Vision einer erwachsenen, großen und dürren Frau – spindeldürr und eiskalt –, die aus meiner Vagina geboren wurde, noch ganz bedeckt von Blut und Schleim.

Als ich sie fragte, was sie mir zu sagen hätte, erzählte sie mir völlig emotionslos, dass ich als kleines Kind wiederholt missbraucht worden wäre. Da ich keinerlei Erinnerungen daran habe, glaube ich, dass es im Kleinkindalter, vor meinen ersten Erinnerungen stattgefunden haben muss.

Ich empfing diese Informationen ohne Emotion und ohne getriggert zu werden. Ich empfand keine Trauer oder Verärgerung. Tatsächlich war da nur ein Gefühl der Leichtigkeit und der Entlastung.

Ich sollte erwähnen, dass ich schon lange vermutet habe, dass es in meiner Vergangenheit irgendeine Art des Missbrauchs gegeben hat, da ich eine Anzahl von Fetischen und Marotten habe, die vermutlich von einer frühkindlichen Prägung herrühren. Diese neue Information schockierte mich also nicht. Außerdem wurde ich von einer Quantenheilerin durch diesen Prozess begleitet, die einen

Raum der Erleuchtung ermöglichte, in dem ich diese Information empfangen konnte.

Ich dankte der dürren Frau dafür, es mir erzählt zu haben, und fragte, was sie von mir bräuchte. Sie erwiderte nichts. Sie hatte diese Erinnerung einfach nur für mich bewahrt, und war nun unglaublich froh, aus dem Teil meines Körpers gelöst zu sein, an dem sie festgesteckt hatte.

Die Frau verschwand und ich empfand ein Gefühl des Auftriebs und der Freude, ein Gefühl der Vollkommenheit, das mich selbstbewusster und mehr „ich" sein ließ, als ich es je zuvor gewesen war.

DIESE ARBEIT mit einzelnen Teilen deines Ichs ist unglaublich mächtig. Es braucht Mut, zu diesen möglicherweise schmerzhaften Momenten in deiner Erinnerung zu reisen. Wenn du das tust – und währenddessen radikale Akzeptanz für dich und alles, was du durchgemacht hast, findest –, wächst dein Gefühl für Sicherheit in deiner eigenen Haut überproportional an.

HEIMSPIEL

1. Fahre mit deinem Schlaf-Spa-Ritual fort.
2. Höre dir mindestens einmal pro Woche Subliminals an, während du schläfst.
3. Schreibe deine gesamten Trauminhalte auf, deute und heile sie.
4. Probiere diese Woche eine somatische Übung für Körper und Geist, wie EFT, Yoga, die

Feldenkrais®-Methode, Energiearbeit, Stimmgabeln oder Klangtherapie.

5. Übe die Meditation „Traumata auf Zellebene loslassen", die in diesem Kapitel beschrieben wird.

6. Mache die folgende Freies-Schreiben-Übung und die dazugehörige Meditation, um einen Teil in dir zu heilen, der sich im Widerstand befindet.

Übung: Freies Schreiben, um Widerstände aufzudecken

Schreibe in deinem *Entspannt zum Reichtum*-Tagebuch frei zu den folgenden Aufforderungen:

- Welcher Teil von mir befindet sich im Widerstand zu _______________ [die Sache, die du manifestieren willst]?
- Wovor hat dieser Teil Angst?
- Wie alt ist dieser Teil?
- An welchen anderen Stellen oder Situationen in meinem Leben empfinde ich auch so?
- Wann habe ich das erste Mal so empfunden? Was ist damals passiert?

Nutze das Wissen aus diesem Tagebuch, um eine Meditation durchzuführen und diesen Teil zu heilen. Wenn du es vorziehst, mit einer*m Therapeut*in darüber zu sprechen, tu das bitte.

FALLS DU DICH wohl dabei fühlst, probiere die nachfolgende Meditation aus, um in Kontakt mit einem traumatisierten / verletzten Teil deines Ichs zu treten. Ich rate sehr dazu, mit einer*m professionellen Therapeut*n oder Praktiker*in zu arbeiten, um dich in diesem Prozess zu unterstützen.

ÜBUNG: **Mit einem inneren Teil deines Ichs arbeiten (Variation)**

1. Setze oder lege dich mit geschlossenen Augen hin und stelle dir vor, du stehst auf dem Gipfel eines wunderschönen Kristallbergs. Frage, ob es einen Teil in dir gibt, der ein Trauma erlebt hat und mit dir kommunizieren möchte.
2. Wo in deinem Körper hält sich dieser Teil auf? Fühlst du beispielsweise eine Enge in deiner Brust, wenn du daran denkst?
3. Lade den Teil ein, zu dir auf den Gipfel des Kristallbergs zu kommen.
4. Tritt ihm mit absoluter Akzeptanz, Mitgefühl und Zustimmung entgegen. Dieser Teil ist kein Feind, den du vertreiben oder gegen den du anarbeiten müsstest. Er zeigt sich, um dir zu helfen, um sein Wissen mit dir zu teilen und um dir beim Integrieren zu helfen.
5. Frage ihn, was er dir darüber erzählen will, was ihm zugestoßen ist.

6. Frage ihn, welches Geschenk er dir geben will. Versucht er, dich auf seine Art zu beschützen? Versucht er, dich in Alarmbereitschaft zu versetzen oder vor Gefahren zu warnen?
7. Höre mit absoluter Zustimmung zu. Keine Verurteilung. Unendliches Mitgefühl.
8. Danke ihm für sein Geschenk.
9. Wenn das Geschenk unerwünscht ist, lasse ihn wissen, dass du diese Form des Schutzes nicht länger benötigst. Du weißt seine Hilfe zu schätzen, aber du kommst ab jetzt allein zurecht.
10. Bitte ihn, eine neue Methode zu finden, um dir zur Seite zu stehen, dir den Rücken freizuhalten oder dich zu unterstützen.
11. Bedanke dich noch einmal dafür, dass dieser Teil heute zu dir gekommen ist und diese vergrabene Erfahrung mit dir geteilt hat. Erlaube der Szene, sich aufzulösen, und kehre in die Gegenwart zurück.
12. Achte darauf, ob sich das ursprüngliche Gefühl in deinem Körper verändert hat.

WERKZEUG NR. 9

Lass die Schuld los

KAPITEL ZWANZIG

Scham und Schuldgefühle sind die Werkzeuge der Gesellschaft, um uns zur Konformität zu zwingen.

Vor Kurzem war ich am Flughafen, wo ich hörte, wie eine Mutter zu ihrem Sohn sagte: „Alle hier schauen schon zu uns, weil du einen Wutanfall hast." Ich erinnere mich daran, diese Taktik ebenfalls eingesetzt zu haben, als meine Kinder noch klein waren. Ich hatte in irgendeinem Erziehungsratgeber oder Artikel davon gelesen und es ausprobiert. Die Taktik stellte sich als ausgesprochen effektiv heraus.

Wenn du willst, dass sich dein Kind hinsetzt, anstatt in einem vollbesetzten Restaurant auf seinem Stuhl zu stehen, sagst du: „Schau dich um – alle anderen sitzen auch auf ihren Stühlen." Das angeborene Bedürfnis des Kindes, sich anzupassen, tritt in Aktion. Meine Kinder schauten sich unweigerlich um, schämten sich und setzten sich auf ihren Hintern. Ich fand das eine weitaus wirksamere Methode, als ihnen zu sagen: „Ich möchte, dass du dich hinsetzt", irgendeine Drohung auszusprechen oder sie mit einer Belohnung zu bestechen.

Damit will ich nicht sagen, dass es eine richtige und eine falsche Erziehungsmethode gibt. Ich bin der Überzeugung, dass es unser Job als Eltern ist, unseren Kindern die Fähigkeiten mitzugeben, mit denen sie in unserer Gesellschaft überleben können. Und das schließt mit ein, zu wissen, was angebracht und unangebracht ist.

Es ist wie in der Kunst – du musst zuerst die Regeln kennen, bevor du sie brechen kannst. Man muss zuerst die Balletttechnik lernen, bevor man irgendeine Art Release-Technik oder extrem prosaische Bewegungen machen kann, bei der keinerlei Fußstreckung angewendet wird.

Dennoch finde ich es schockierend, wie sehr wir alle darauf konditioniert sind, uns anzupassen. Kein Wunder, dass ich immer noch von Themen wie meiner eigenen Unangemessenheit und der Kritik anderer an meinen vermeintlichen Unzulänglichkeiten träume.

Ich bin mir sicher, dass Konformität wahnsinnig wichtig war, als wir noch in kleinen Stämmen zusammengewohnt haben. Sicherzustellen, dass sich jeder im Stamm auf eine bestimmte Weise verhielt, war damals eine Frage von Leben und Tod. Vermutlich ist es immer noch das, was Gesellschaften mehr oder weniger „zivilisiert" sein lässt. Aber es ist auch ein Konzept, durch das Machtlosigkeit entsteht.

Scham und Schuld werden eingesetzt, um uns auszubremsen und uns davon abzuhalten, in Aktion zu treten. Sie halten uns davon ab, allein loszuziehen. Für Erwachsene, die die Regeln kennen, dienen Scham und Schuld als mächtige Ablenkungen von dem, was wir eigentlich erschaffen wollen.

Ich kann dir gar nicht sagen, bei wie vielen Autor*innen, die ich gecoacht habe, Scham als konstantes Hintergrundgeräusch in Dauerschleife läuft und sie vom Erfolg abhält. Ihr Unterbewusstsein befürchtet, ihr Erfolg könnte andere verletzen. Sie wollen nicht, dass sich andere schlecht oder klein fühlen. Das sind freundliche, mitfühlende Menschen, die den fehlerhaften Glaubenssatz übernommen haben, ihr Glück und ihr Erfolg würden andere Personen irgendwie in den Schatten stellen. Sie befürchten, ihr Überfluss würde anderen das Geld aus der Tasche ziehen. Oder dass ihr Erfolg bedeutet, dass jemand anderes keinen Erfolg haben wird. Als wären Überfluss und Erfolge begrenzte Ressourcen, die sie sich unter den Nagel reißen.

Scham und Schuld ziehen sie runter und erschaffen energetische Spannungen, wenn sie versuchen, ihren Träumen näher zu kommen.

Stelle dir einmal vor, du willst zur Arbeit fahren, aber den ganzen Weg über fühlst du dich schuldig oder schämst dich, weil du keine*e gute*r Autofahrer*in bist. Deine Fahrkünste würden ernsthaft unter diesem Glauben leiden. Du würdest zögern, deine Entscheidungen infrage stellen, nicht reagieren, wenn es nötig ist. Hast du jemals an einer Kreuzung gestanden, an der keins der vier Autos als Erstes losfuhr, weil alle Fahrer*innen nicht sicher waren, ob sie wohl losfahren sollten? Jede*r versucht, die korrekte, perfekte Person zu sein, die alles richtig macht, kein Arschloch ist und dann fährt, wenn sie fahren soll.

Unfassbar ineffizient!

Genauso ist es mit Überfluss und Erfolg. Wenn dein Ziel Überfluss und Erfolg sind, du dich aber von Schuld und Scham runterziehen lässt, weil du nicht auffallen willst, nicht zu erfolgreich oder besser als andere sein willst, dann hemmt das deine Macht zu erschaffen, was du erschaffen willst. Es hält dich davon ab, entschlossen zu agieren, auf dein Bauchgefühl zu hören und die richtige Antwort für dich und dein Business zu finden.

Lange Zeit fühlte ich mich schuldig dafür, dass meine

Ehe gescheitert war. Ich fragte mich, was ich anders hätte machen können. Ich fühlte mich schlecht, weil mein finanzieller Erfolg nach und ohne meinen Mann passierte. Dass er zurückgelassen worden war. Diese Schuldgefühle sorgten allerdings dafür, dass wir beide weiterhin feststeckten. Wir wurden beide runtergezogen und davon abgehalten, nach vorn zu schauen.

Als mir das klar wurde, ließ ich die Schuld los und feierte, was wir zusammen gehabt und als Paar erreicht hatten, die Geschäfte, die wir zusammen gegründet und geführt hatten, die Kinder, die wir bekommen und aufgezogen hatten. Anders gesagt, ich feierte die Gewinne, anstatt die Misserfolge zu vermerken, und unsere Energiefelder klärten sich.

Dr. Brené Brown, Professorin an der University of Houston und Forscherin zu Scham, schreibt: „Ich definiere Scham als das extrem schmerzhafte Gefühl oder die Erfahrung, mangelhaft zu sein, und somit Liebe oder Gemeinschaft nicht verdient zu haben – etwas, das wir erfahren, getan oder nicht getan haben, lässt uns unwürdig sein, Verbindungen einzugehen." Sie fährt fort: „Ich glaube nicht, dass Scham hilfreich oder produktiv ist. Tatsächlich glaube ich sogar, dass Scham viel eher Auslöser für zerstörerisches, verletzendes Verhalten ist, anstatt die Lösung oder das Heilmittel. Ich glaube, die Angst, ausgestoßen zu werden, macht uns gefährlich."[1]

Wo halten dich Scham und Schuldgefühle zurück?

---

1. https://brenebrown.com/articles/2013/01/15/shame-v-guilt/

ÜBERLEGE, wofür du dich in deinem Leben schämst oder schuldig fühlst. Zuerst wirst du vielleicht nichts benennen können. Diese Gefühle sind so mit deinem Selbstverständnis verbunden, dass du einfach eine allgemeine Angst oder ein Gefühl der Falschheit empfindest. Es zeigt sich als Sorge, etwas falsch zu machen und von anderen verurteilt zu werden. Als Angst davor, nicht gut genug zu sein.

DENKE NICHT über die Antworten nach, sondern beantworte die folgenden Fragen einfach mit dem Ersten, das dir einfällt. Wahrheit.

- In welchen Bereichen deines Lebens zeigt sich Scham am häufigsten?
- Hat es mit Familie und Beziehungen zu tun?
- Überanstrengst du dich für die Menschen in deinem Leben, damit du alles richtig / perfekt / korrekt für sie machst?
- Hast du das Gefühl, in ihrer Gegenwart glücklich sein und Erfolg haben zu dürfen?
- Wann setzt du Scham ein, um dein strahlendes, größtes Ich kleinzumachen, damit du andere nicht überstrahlst, oder einfach, um dich ihrer Energie anzupassen?

AGIERST, **handelst und existierst du nur für andere?**

ALS ICH ANFING, mein lebenslanges Agieren, Handeln und Existieren für andere Menschen aufzudröseln, war mir nicht einmal klar, was ich selbst von meinem Leben wollte. Meine Veranda war einfach ein Ort, an den ich Gäste zu einem Glas Wein einladen konnte, aber allein würde ich mich niemals dorthin setzen und ein Gläschen genießen.

Alles, was ich tat, stand in Bezug zu anderen. Mein Selbstbild hatte ich um das herum errichtet, was andere von mir dachten (oder was ich glaubte, was sie dachten). Ich arbeitete hart dafür, alle Kritik zu vermeiden und ein braves Mädchen zu sein. Ich war eine Jasagerin, die sich bemühte, alle in meinem Umfeld zufriedenzustellen.

Ich fand die energetische Lösung darin, in meiner eigenen Energie zu bleiben. Ich lernte, einen Energiegraben um mich herum zu graben, Energiekabel zu lösen und rings um mich herum (imaginäre) Energiespiegel aufzustellen. Somit würde ich nur noch meine eigene Reflexion sehen, wenn ich wieder versuchen sollte, herumzutasten und nach den Erwartungen und Meinungen andere über mich zu fischen.

Das Einzige, was zählt, ist, was *du* über dich denkst.

Die Definition einer Beziehung ist die Verbindung zwischen zwei Menschen. Weil es sich um zwei unterschiedliche Menschen handelt, ist das etwas anderes als Einheit. Einheit bietet eine Verbindung mit allem, die so weit und tief ist, dass jedes Ego darin verschwindet.

Du musst die Realität nicht spirituell umgehen, um Einheit zu finden.

Du musst dich nicht in deinem Meditationszimmer verschanzen. Es geht viel mehr darum, in den gegenwärtigen Moment hinabzusinken. In deinen Körper hineinzusinken. Zu spüren, wo er sich mit dem Boden oder dem Stuhl verbindet. Ob du Enge oder Verspannung in deinem

Körper spürst. Es geht darum, mit dem, was in diesem Moment ist – mit dem, was du bereits erschaffen hast –, einverstanden und zufrieden zu sein. Damit, wer du in diesem Augenblick bist. Sobald du das Gefühl hast, den gegenwärtigen Moment und alles, was du erschaffen hast – gut oder schlecht – vollkommen empfangen zu können, verfällst du in einen Flow-Zustand.

Der häufigste Frequenz-Ratschlag für Manifestation ist es, Dankbarkeit zu praktizieren. Dankbarkeit ist ein mächtiges Manifestationswerkzeug, aber es kann schwierig sein, Dankbarkeit zu empfinden, wenn du dich in einer problematischen Beziehung mit dir selbst befindest.

Durch Manifestation kannst du einen Blick auf etwas außerhalb von dir werfen, um damit etwas in dir zu lösen oder zu korrigieren. Tatsächlich verstehen wir es oft falsch: Wenn wir innerlich heilen, müssen wir unsere äußeren Umstände nicht länger ändern. Anders gesagt, wir sind einverstanden und zufrieden mit dem gegenwärtigen Moment. Und wie durch Zauberhand verändert sich auch das Außen und spiegelt unser Innen. Denn wenn wir uns in einem Flow-Zustand befinden, können wir problemlos Dinge manifestieren, die wir uns früher gewünscht haben (aber nicht länger brauchen). Das ist das Paradox der Manifestation.

MEDITATION: **Raum schaffen**

ÜBE DIESE MEDITATION, um Raum zu schaffen und alle, mit denen du in einer Beziehung stehst, in einem Kreis um dich herum anzuordnen.

1. Mache es dir bequem – setze oder lege dich hin. Schließe die Augen und lass deine Schutzmauern fallen.
2. Weite dein Bewusstsein und die Lichtkugel um dich herum eine Million Kilometer in jede Richtung.
3. Lasse die Ausweitung bis in die Unendlichkeit anwachsen.
4. Sende einen Energiestrahl (wie der Strahl einer Taschenlampe) aus deinen Fußsohlen hinunter bis in den Erdkern, und verbinde dich mit dem Lichtraster der Erde.
5. Stelle dir vor, wie ein Lichtstrahl aus deinem Schädel dringt und sich mit der spirituellen Sonne über dir verbindet.
6. Stelle dir einen riesigen Schneepflug vor und pflüge damit einen Energiegraben rings um dich herum, bis du eine breite, freie Schneise siehst, die dich umgibt. Das Energiefeld um dich herum enthält nun nur noch deine Energie.
7. Stelle dir vor, wie Klone von dir rings um den Rand des Kreises herumstehen. Sie stehen Schulter an Schulter und blicken zu dir.
8. Das ist die Gruppe, zu der du nun in Beziehung trittst. Das ist die Gruppe, deren Meinung du ab jetzt einholen wirst.
9. Wenn du dir Sorgen machst, wie andere über dich urteilen könnten, ist es nur noch diese Gruppe von „anderen", deren Meinung du hören oder einholen wirst. Verurteilt dich diese Gruppe? Was ist ihrer Meinung nach das Beste für dich? Was wollen sie von dir?

10. Jedes Mal im Laufe des Tages, wenn du einen Gedanken hast, der dich kleinmacht, Scham in dir heraufbeschwört oder dir das Gefühl gibt, nicht gut genug zu sein, kehre zu diesem Bild zurück. Um dich herum befindet sich Weite und Raum. Du bist von einem Kreis deines Ichs umgeben. Was denkst / fühlst / weißt DU über diese Situation?

JE MEHR RAUM ich für mich selbst schaffe, umso integrierter werde ich. Ich bin im Umgang mit anderen präsenter und geerdeter. Meine Bedenken hinsichtlich der Meinungen anderer sowie meine Versuche, mich vor Kritik zu schützen und an der Überzeugung meiner eigenen Opferrolle festzuhalten, haben zu innerer Zerrissenheit und narzisstischen Tendenzen geführt.

Diese ichbezogenen Tendenzen entspringen dem frustrierenden Glauben, wir bräuchten andere, um ganz zu werden. Zu glauben, wir müssten die Gedanken anderer kontrollieren. Zu glauben, wir müssten von anderen geliebt werden.

In deiner eigenen Energie zu verweilen, schafft sowohl Klarheit als auch Macht. Für den Fall, du denkst, es würde dich zu einem Narzissten oder einem Egomanen machen, vertraue darauf, dass es das komplette Gegenteil von Narzissmus ist, dich mit deinen Schattenseiten zu verbinden und sie zu integrieren.

HEIMSPIEL

1. Fahre mit deinem Schlaf-Spa-Ritual fort.
2. Höre dir mindestens einmal pro Woche
   Subliminals an, während du schläfst.
3. Schreibe deine gesamten Trauminhalte auf,
   deute und heile sie.
4. Schreibe frei zu den folgenden Aufforderungen:

- Die Momente, in denen ich von Scham
  kontrolliert werde, sind ...
- Ich empfinde noch immer Scham über ...
- Meine heimliche Angst ist es, eine schlechte
  Person zu sein, weil ...

5. Übe die Meditation „Beseitigen von
   Energiekabeln" aus Kapitel Vierzehn oder die
   Meditation „Raum schaffen" aus diesem Kapitel.

KAPITEL EINUNDZWANZIG

Herzlichen Glückwunsch! Du bist am Ende dieses Buches angekommen. Ich hoffe, du kannst bereits spüren, welche Wirkung es auf dich hat, es gelesen oder angehört zu haben.

Ich weiß, dass ich nicht länger dieselbe Person bin, die ich war, als ich mit dem Schreiben des Buchs begonnen habe. Ich habe mich auf so viele herrliche Arten verändert. Ich kann eine Regung in mir spüren, die vorher nicht da war.

Früher hatte ich Zugang zu innerer Weisheit, wurde aber noch immer von Zweifeln und dem Gefühl der Unzulänglichkeit geplagt und abgelenkt. Jetzt empfinde ich ein Gefühl der Furchtlosigkeit. Ich bin in Besitz des Wissens, dass Liebe beflügelt.

Und du weißt jetzt, dass du das Licht anknipsen und in diese dunkle, gruselige Ecke blicken kannst. Das Monster darin wird sich in einen Haufen Schmutzwäsche verwandeln. Wenn du dich deinen Schattenseiten stellst und sie willkommen heißt, hast du nicht länger Angst vor den Monstern in der Dunkelheit. Wenn du keinen Teil deines

Ichs zurückweist, hast du Zugriff auf deine Macht und Stärke.

Stelle dir nur einmal vor, wie viel weniger Konflikte, Auseinandersetzungen und Kriege es gäbe, wenn alle auf diese Werkzeuge zugreifen würden!

Ich habe das Gefühl, dass die Dinge, die ich so angestrengt erreichen wollte, jetzt rasend schnell auf mich zukommen werden. Sie werden im Nullkommanichts hier sein. Eine neue Beziehung, $300.000-Monate, Filmadaptionen meiner Bücher. Das Einkommen aus meinem Coaching-Business, das sich den Einnahmen aus meinen Büchern anpasst.

Ich frage nicht länger nach diesen Dingen. Ich befinde mich in einem Zustand des Vertrauens, dass *ich die Frau bin, die sie erschaffen wird*. Es ist ein Zustand des Glaubens daran, dass ich die Macht und die Fähigkeit habe, alles zu erschaffen, was ich mir wünsche. Und ich weiß, dass das Universum sich mit mir in Einklang bringen wird, um diese Dinge zügig zu verwirklichen.

Du hast nun das allgemeine Verständnis über diese Werkzeuge aufgesogen. Wenn du alles, was du gelernt hast, vertiefen und deine absolute Transformation herbeiführen willst, schlage ich vor, dich in die Warteliste für meinen Kurs einzutragen oder dir das Arbeitsheft zu diesem Buch zu besorgen, das dich Schritt für Schritt durch den Integrationsprozess führt. Um weitere Informationen zu erhalten, gib hier deine E-Mail-Adresse ein.

Dank dieser Werkzeuge weißt du, dass du ein Lichtwesen bist. Ein*e mächtige*r Manifestierer*in. Du wirst dich so lieben, wie du jetzt bist, Schattenseiten und alles. Du wirst das Fundament besitzen, von dem aus du jede Schöpfung starten und wachsen lassen kannst. Du wirst die Liebe deines Lebens treffen. Deinen Traumjob landen. In dein

Traumhaus einziehen. Dein Traumauto fahren. Aber vor allem wirst du wissen, dass es nicht diese Dinge sind, die dich wirklich reich machen. Vielmehr ist es dein Glaube an dich selbst. Es ist der Zustand von Einheit, Wohlbefinden und Integration.

Das schließt ein, mit der Angewohnheit zu brechen, Teile deines Ichs abzuweisen und zu wünschen, du wärst jemand anderes, wärst woanders oder hättest ein anderes Leben.

Wenn du dir selbst den Rücken stärkst, gibt es nichts mehr, woran dir mangelt und nichts, was dir genommen werden kann. Und das ist wahrer Überfluss.

Ich fing an, dieses Buch als eine Anleitung für Manifestation 2.0 zu schreiben, und ich bin weiterhin der Meinung, dass die Werkzeuge in diesem Buch fantastische Manifestationen erschaffen können. Und doch scheint es fast so, als ob es in diesem Buch überhaupt nicht um Manifestation ginge. **Es geht um dein herrliches, wundervolles Ich.**

Ich kann es nicht erwarten, zu hören, wie es nun für dich weitergeht.

GRÜNDE EINE ENTSPANNT-ZUM-REICHTUM-ARBEITSGRUPPE

Wie du mit einer Gruppe oder einer*m Partner*in dieses Buch durcharbeitest

Zunächst schlage ich vor, dass du der *Relax to Riches*-Facebookgruppe beitrittst, um Unterstützung zu bekommen, Fragen zu stellen und andere Mitglieder zu finden, die Interesse an einer Arbeitsgruppe haben. Wenn du eine*n Partner*in oder Gruppe gefunden hast, mit der oder dem du dieses Buch durcharbeiten möchtest, arbeitet in eurem eigenen Tempo. Ich schlage ein Werkzeug pro Woche vor, aber fühlt euch frei, das auf zwei Wochen oder sogar einen Monat zu strecken. Die folgenden Punkte sind ein Vorschlag für den Ablauf eurer Treffen.

1. Bevor ihr beginnt, richtet einen Gruppenchat ein, um Erfolge zu feiern, Ideen auszutauschen oder Fragen zu stellen, die zwischen euren Treffen aufkommen.
2. Eröffne jedes Treffen (online oder in Präsenz) damit, dass die Teilnehmenden einen Erfolg der

letzten Wochen teilen. Die Gruppe ist ein sicherer Ort zum Feiern und um die eigenen Erfolge zu verstärken.

3. Macht die Übungen zu Freiem Schreiben oder „Heimspiel" und / oder meditiert als Gruppe.

4. Teilt alle Einsichten, Erkenntnisse oder Fragen, die aufkommen, während ihr die Übungen durcharbeitet.

5. Übt mit einer*m Partner*in das Ziehen von Energie – schickt und empfangt Energie.

6. Macht die „Verschlinge Kannibalen"-Partnerübung.

RESSOURCEN (AUF ENGLISCH)

Ritual zum Reinigen von Energie:

Von Machelle Small-Wright und Perelandra Gardens: https://perelandra-ltd.com/perelandra-simplified-energy-cleansing-process.html

Meditationen für luzides Träumen:

https://write-to-riches.teachable.com/p/my-downloadable-543252

https://insighttimer.com/fredrikstangeland/guided-meditations/guided-lucid-dreaming-the-mild-technique

https://insighttimer.com/christianthomas/guided-meditations/lucid-dreaming-vividly-tonight

https://insighttimer.com/fredrikstangeland/guided-meditations/lucid-dreaming-sleep-talk-down-and-lucid-dream-incubation

https://insighttimer.com/michellessanctuary/guided-meditations/lucid-dreaming-into-the-night-a-guided-sleep-meditation

LED-Matten

https://healthywavemat.com/

https://higherdose.com/products/infrared-sauna-blanket

Leseempfehlungen

Schreib dich reich: 7 praktische Schritte, um mit deinen Büchern Überfluss zu manifestieren von Renee Rose
   Existential Kink: Unmask Your Shadow and Embrace Your

Power (A method for getting what you want by getting off on what you don't) von Carolyn Elliot

Unbound: A Woman's Guide to Power von Kasia Urbaniak

Kein Teil von mir ist schlecht: Mit dem Modell des inneren Familiensystems (IFS) Trauma heilen und zur Ganzheit zurückfinden von Richard Schwartz

Heile deinen Körper. Seelisch-geistige Gründe für körperliche Krankheit von Louise Hay

Die verborgene Sprache des Körpers. Was Krankheiten und Symptome uns verraten von Inna Segal

www.ingramcontent.com/pod-product-compliance
Lightning Source LLC
Chambersburg PA
CBHW032051050726
47590CB00001B/219